그리움의 경계선

문학공방

젖은 채로 투명하게 흔들리던 ══ 그 시절 마음들

그리움의 경계선

 바람에 쓸려온 마음이 흰 종이 위에 춤을 추고, 잉크로 새겨 넣은 활자에 진득한 마음이 묻었다. 꾹꾹 눌러쓴 정성으로 당신을 말하자면, 당신은 늘 내 모든 삶의 경계선에 있었다. 그것은 선택이 아닌 금단의 선처럼 느껴졌다. 때론 봄햇살 곁에 놓인 새하얗고 깨끗한 빨래처럼, 빨랫줄에 걸린 채로 넘실넘실 당신이란 경계를 넘어서고 싶었다. 그걸 사랑이라고 해야 할지, 호기심이라고 해야 할지 모르겠다. 이따금 과거의 당신을 들여다보는 것도 가슴이 미어지는데, 그 시절의 당신은 괜찮다는 양 웃으며 내게 손을 내밀었다. 언제든 후회를 해도 된다는 듯이, 자신을 잊지 말아 달라는 듯이. 그 미소가 아른거려서, 여태 내 가슴에서 당신을 지워내지 못했는지도 모르겠다.

풋내 나는 청춘의 사랑이 호기심이라면, 이제는 호기심으로 사랑을 시작할 나이는 지났다. 사랑만을 바라보며 미래를 약속하기에 현실의 산은 험준했다. 아름다운 자태와 떨리는 심장만으로는 미래를 꿈꿀 수 없는 것이었다. 뜨거운 손을 붙잡고, 볼에 솟은 솜털을 만지작거리며, 턱밑의 보드라운 살결을 매만지는 꿈은 오랜 세월이 흘러도 잊히지 않을 테다. 우리에게 더없이 찬란했던 그날의 기억은, 돌아갈 수 없는 옛 추억과 환상으로 남아 기나긴 밤동안 악몽처럼 나를 괴롭힐 테다. 글쎄, 생각해 보면 이걸 악몽이라고 해야 할지, 좋은 꿈이라고 해야 할지 모르겠다. 꿈을 꾸는 동안은 행복한데, 꿈을 깨고 나면 마음이 애잔해졌다.

필름에 담긴 옛사랑은 수분이 많은 복숭아를 씹어 먹듯, 물컹하고 향긋했다. 풋풋한 과일향과 말캉한 촉감이 시간이 흐른 지금도 이따금 기억난다. 시간이 흐르면 이 감각도 잊히겠지 싶다가도, 어떤 날은 시간이 모든 걸 해결해주지 않으면 어쩌나 걱정되기도 했다. 이제 더는 향긋했던 청춘으로 되돌아갈 수도 없는데, 현실의 나는 애석하게도 과거의 '나'에게 갇혀 있었다. 다시 젊은 날로 돌아가고 싶을까 봐, 현실의 나를 증오할까 봐, 그날 우리의 손을 놓아버린 순간을 미워하게 될까 봐 두려웠다.

모든 날들은 그런 경계에 있었다. 미움과 후회, 욕심과 과거의 추억들이 아지랑이처럼 일렁였다. 끊임없이 끓어오르는 경계선에서 나의 마음은 오늘도 갈팡질팡하며 그 시절을 그리워했다. 이제는 내 마음이 어떤 상태인지도 모르겠다. 진심으로 되돌아가고 싶은 건지, 그저 애틋한 마음으로 그 시절을 그리워하는 건지….

이런 어지러운 감정도, 필름카메라로 사진을 찍듯 글로 새길 수 있으리라. 사랑이라는 틀 안에 얽힌 수많은 감정이 가슴속을 나뒹군다. 복합적인 마음이라도 좋다. 이 마음 또한, 먼 훗날 언젠가 '그 시절의 사랑'이 될 테니까.

이 책은 옛 시절, 시간의 우주에 흩어진 아련한 사랑과 이별의 기억 조각들을 엮어낸 감정 모음집이다. 끝과 시작이라는 그 한 끗 차이, 그 시절 모든 연애의 감정들을 모아 여기 책장이란 옷감에 묻힌다.

차례

그리움의 경계선 · 006

1장 어떤 기억은 여름의 향긋한 설렘같고

my love is you · 017

친구에게 · 020

summer · 024

우리의 계절 · 028

부디 모른 척 지나가주세요 · 032

다른 언어 · 036

장거리 · 040

단 하나의 악보 · 044

궤도를 따라 · 048

너의 결혼식 · 052

우리가 우리를 모르기 전으로 · 056

영원한 이별 · 060

향수 · 064

이별연습 · 068

몸살 · 072

새롭게 다시 태어나 · 076

우리가 사랑했던 시간 · 080

don't hold back on me · 084

그날의 우리 · 088

장난 · 092

타이밍 · 096

가녀린 끝자락 사랑 · 100

바다와 숲 · 104

사랑의 무게 · 108

Like the Movies · 112

항해일지 · 116

야경 · 120

사랑이라는 착각 · 124

강물처럼 · 128

2장 어떤 기억은 겨울의 마른 나뭇가지 같아

밤잠 · 135

chamomile · 140

A Different Kind Of Love · 144

후회 · 150

소나기 · 154

먹구름 · 158

다정한 거짓말 · 162

우리의 궤도 · 166

애쓰는 사랑 · 170

침몰 · 178

운명에 대하여 · 182

기차역에서 · 186

고통스런 낭만 · 190

연약한 믿음 · 194

부재 · 198

본래의 온도 · 202

우리가 서로에게서 멀어져 갈 때 · 206

담배 · 210

그리움의 층간 · 214

농도 · 218

미련의 무게 · 222

우울의 방 · 226

네가 보고 싶은 밤 · 230

이별에 대하여 · 234

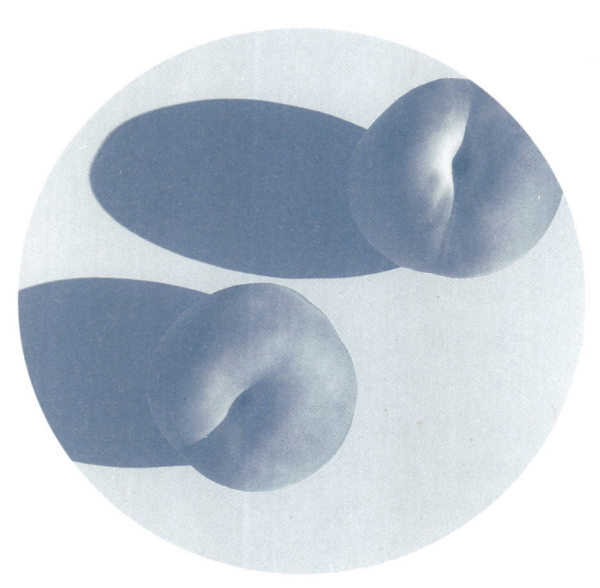

1장

어떤 기억은
여름의 향긋한 설렘같고

어떤 감정은 형언할 수 없는 형태로 남아 주변을 맴돌았다. 그 형태는 포근한 햇살이 내리는 창가에서는 상쾌한 풋사과 향이 났고, 차가운 어둠이 밀도는 새벽 침대 밑에서는 비에 젖은 축축한 신발 같기도 했다. 그 형태는 향기라고 단정 짓기에도 애매했다. 냄새였다가도 느낌 같기도 했고, 어렴풋이 보이는 어떤 형태 같다가도 보이지 않는 영혼 같기도 했다. 또는 즐거운 추억이기도 했고, 턱 밑에 울음이 차오르는 슬픔이기도 했다. 글쎄, 이걸 뭐라고 불러야 할까?

세상 사람들은 아무래도 이 형태를 *그리움*이라고 부르는 듯하다.

my love is you

 금빛 햇살이 은근하게 내려앉은 나무 아래 벤치야. 짙게 물든 나뭇잎 사이로 별빛 같은 햇빛이 쏟아지고, 나는 그 별을 바라봐.

 — 자기야, 노을 지는 나무 밑에 별빛이라니. 아름답지 않아?

 조금 감격에 젖은 목소리로, 내 무릎에 잠든 널 깨워. 너는 반쯤 감긴 눈으로 기분 좋게 웃으며 내 턱을 어루만졌지. 아무 말도 하지 않은 채, 우리는 나무 아래 별빛을 한참 바라보았어. 그 싱그러운 잎사귀 사이에 송송 박혀 있던 햇살의 반짝임을 말이야. 너는 말없이 내 턱을 어루만지다 마른세수를 했어. 내가 다시 널 내려다보자, 너는 살짝 눈물이 맺힌 커다란 눈으로 나를 바라보았어.

 — 있지. 난 가끔 두려워. 우리의 행복이 저 멀리 달아나 버

릴까 봐.

나뭇잎 사이에 비치던 반짝이는 별빛이 네 두 눈동자에서 일렁였어.

— *오, 자기야.*

나는 안쓰러운 마음으로 네 이마에 키스해 주었어. 그리고 나지막이 덧붙여 말했지.

— *누가 우리의 행복을 앗아가겠어? 내가 그렇게 내버려 두지 않아, 절대.*

그러자 네 눈가에 맺혀 있던 눈물이 주르륵 흘러내렸어.

— *어서 사랑한다고 말해줘.*

턱밑에 찬 울음소리로 네가 말했어. 나는 너의 눈물을 닦아 주며, 입술에 가볍게 입을 맞추었어. 너는 미간을 찡그리며 또 나를 가만히 바라보았어.

— *행복한데, 괴로워. 널 잃게 될까 두려워.*

— *두려워하지 마. 내가 곁에 있잖아.*

네 어깨를 잡고 일으켰어. 네 따뜻한 품을 끌어안으면서, 또 자그맣게 속삭였어.

— *사랑해.*

한참 말을 잇지 못하던 너는 흐느끼며 내게 말했어.

— *넌 참 잔인하게 상냥해.*

나는 다시 네 눈물을 닦아 주고는 천천히 널 껴안았어. 네 가녀린 어깨가 들썩이는 걸 끌어안고서는, 금빛 석양에 젖어 찬란한 네 머릿결을 천천히 쓰다듬었어. 너는 얇은 팔로 나를 있는 힘껏 안았어. 그 서글픈 흐느낌 속에서도 귀여운 사랑이 밀려들었어.

— *우리 헤어지지 않을 건데, 왜 두려워 해? 괜찮아. 언제나 네 옆에 있을 거야.*

나는 몇 번이고 네 귀에 속삭였어. 사랑해, 사랑해, 사랑해. 나의 고백에 너도 몇 번이고 내게 속삭였어. 나도 사랑해, 사랑해, 사랑해. 사랑한다는 짧은 말로는 형용할 수 없는 우리의 마음이 붉은 노을에 천천히 물들어 갔어.

우리는 겨울도, 봄도, 여름도, 가을도 아닌 제5의 계절에 머물러 있었어. 그곳에서 우린 언제나 사랑한다고 속삭일 수 있었어. 그리고 또, 언제든 잊힐까 두려워했지. 그래도 나는 그곳에서 네 어깨를 끌어안고, 수없이 말할 거야. 사랑해,라고 말이야.

친구에게

 우리가 사랑했던 한 시절은 여름날 시들어가는 봄꽃처럼 처연했어. 화려하게 타들어가는 폭죽을 보면서 먹먹해진 눈을 끔뻑거리듯 말이야. 사람도, 사랑도, 인생도 서툴렀던 우리는 손끝에서 부서져 가는 청춘의 불꽃을 그저 흘려보냈어. 그땐 잘 몰랐던 시간들이 돌이켜보니 참으로 소중하고 의미 있는 순간들이었지. 우리는 그저 놓치고 있었던 거야. 그땐 중요한 줄 몰랐으니까. 그저 하염없이 바라보기도 했고, 잠시 딴생각을 하기도 했고, 갑자기 울적해지기도 했고, 어느 때는 캄캄한 어둠 속에 잠기고 싶어 했지.

 작은 고통에도 아파할 수밖에 없었던 건, 인생에서 그만큼의 아픔을 겪어본 적이 없었기 때문이었어. 그저 순탄하게만 살아온 인생이라고 말하지 않겠어. 우린 그냥 모든 게 처음이었어. 그래서 우리가 조금 더 끈끈해질 수 있었나 봐. 그 시절 우리는 누구보다 각자의 삶에 귀 기울여 주었어. 의미 없이 흘려보내는 위로나 공감 따위가 아니었어. 힘들다는 하소연에 *너도 힘들었어?* 하며 되묻는 것만으로도 충분히 힘이 됐지. 우리는 그렇게나 인생을 몰랐고, 삶을 몰랐다. 모르는 것 투성이었으니 감정에 대해서도 관대해질 수 없었어. 갑자기 화가 나기도 했고, 갑자기 울기도 했고, 어느 날은 갑자기 초연해지기도 했지. 마음에는 하루가 멀다 하고 폭풍우가 몰아쳤고, 감정의 거친 바다 위에서 겨우 숨을 헐떡이며 표류하고 있었어. 그때 그 심경은 그 누구도 이해하지 못했어. 아니, 서로 같은 처지에 있는 사람들끼리만 어루만져 줄 수 있었지.

— *나 너무 힘들어.*

— *조금만 더 버텨 보자. 잘 풀릴 거야.*

그저 그 한마디만으로도 힘이 될 수 있었던 우리들 말이야.

인생에 수많은 폭풍우가 지나가고 마침내 잔잔한 바다가 된 것은 날씨가 화창했기 때문은 아니었어. 다년간의 경험이 거친 폭풍우를 이겨낼 수 있는 지혜를 주었던 거야. 그런 모습을 '어른이 되었다'고 말하더라. 우리는 우리가 언제 어른이 되었는 줄도 모르게 어른이 되어 있었어. 눈을 떠보니 서른이 되어 있었고, 마음은 잔뜩 위축되어 있었고, 사람을 의심하는 눈이 생겨 있었지. 우리는 인생의 동반자처럼 끊임없이 서로의 안부를 물었어. 너는 어느덧 내가 힘들 때마다 기대고 싶은 사람이 되었어. 우리는 그렇게 *서*로의 상처를 알아채고 안아 주는 각자의 든든한 버팀목이 되었어.

  가끔 이야기를 나누는 것만으로도 큰 힘이 되었어. 그때 그 시절, 아무것도 모르고 그저 흘려보내기만 했던 시간들에 대해서 말이야. 그 시절 속에서 우리는 상처 입기도 했지만, 순수한 행복을 느끼기도 했지. 모든 게 다 좋았어. 너와 함께한 시간들, 그 속에 잔잔한 설렘과 웃음과 따뜻한 공기들. 그걸 다시 느끼고 싶어서 우리는 계속 그때의 이야기들을 나누나 봐. 타임머신이 없다면 다시 돌아갈 수 없지만, 너와 함께라면 언제든 그 시절로 되돌아갈 수 있었으니까.

  널 처음 만났던 순간을 기억해. 어색함 속에 맴돌던 그 풋풋한 설렘을. 내 이십 대 인생의 필름 속에 네가 함께 웃고 있어서 행복해. 네 친구가 될 수 있어서 행복해. 그리고 지금도, 널 계속 사랑할 수 있어서 행복해. 모든 게 행복한 밤에 이 짧은 편지를 쓴다. 몸도 마음도 아프지 않고, 오래도록 우리, 친구했으면 좋겠다.

summer

 그날의 여름을 기억해요. 뜨거운 햇살이 찬란한, 연둣빛 잎사귀가 울창한 나무 밑에서였죠. 더위가 찾아와 아스팔트 위에 열기가 일렁이고 있었어요. 열기를 뚫고 신기루처럼 당신이 피어올랐어요. 저 멀리 언덕에서, 머리부터 허리춤까지 서서히 올라오기 시작했죠. 당신에게 주려고 동네 구멍가게에서 산 생수를 이마에 댔어요. 꽁꽁 언 생수가 조금 녹아서는 페트병에 맺힌 물줄기가 손목을 타고 겨드랑이까지 미끄러져 내려갔죠. 짧은 흰 반팔은 등줄기부터 목덜미까지 땀으로 흥건히 젖어 있었어요. 더위 속, 시원한 그늘 밑에서 말이에요.

— *미안해. 내가 많이 늦었지?*

 캡 모자를 한 번 들었다 다시 쓰며 당신은 살짝 인상을 썼어요. 그 표정은 미안함과 난처함으로 얼룩져 있었어요. 나는 고개를 저으며 당신에게 생수를 건넸어요. 얼음이 녹아 물이 조금 흘러나오는, 페트병을 누르면 얼음이 헐떡이는 생수를 말이에요. 당신이 살짝 눈웃음을 짓고는 뚜껑을 열어 생수를 들이켰어요. 얼음밖에 남지 않자 혀를 내밀고는 생수를 통통 쳤죠. 그러더니 쑥스러운 듯 머리를 긁적이며 생수 뚜껑을 닫았어요.

— *우리, 바다 보러 가자.*

당신이 가장 먼저 내뱉은 오늘의 계획이었어요.

그날의 바다는 눈이 아플 정도로 반짝였어요. 해변을 뛰어노는 아이들을 피해 천천히 바닷가를 걸었어요. 이따금 발등을 튕겨 물을 뿌려주고는 도망치고 쫓아오기를 반복했죠. 그렇게 인적이 드문 갯바위까지 다다라서야 우리는 잠시 머물 그늘을 찾았어요. 조금 높은 언덕에 울창하게 뻗은 소나무가 보였죠.

바닷바람이 시원하게 불었어요. 쏴아— 있는 힘껏 몰아치는 파도, 힘없이 부서지는 하얀 거품, 뜨겁게 일렁이는 윤슬까지. 여름 바다의 모든 색깔이 아름답게 조화를 이루었어요. 속수무책으로 무너져 내리는 파도와 목선과 쇄골에 송골송골 맺힌 땀을 씻어주는 바닷바람, 선선한 소나무 그늘, 찬란하게 떠오른 여름 햇살 그리고 당신. 당신은 손으로 이마의 땀을 훑어내며 나지막이 말했어요.

— *아, 시원하다.*

이상하게 그 말이 저를 더 시원하게 만드는 것 같았어요.

어떤 기억은 여름의 향긋한 설렘같고

당신의 말에 모든 게 괜찮아졌어요. 더워서 죽을 것 같던 순간도, 이상하게 메슥거리던 마음도 갑자기 아주 깨끗하게 씻어졌어요. 당신은 그 어느 햇살보다 찬란한 미소를 지으며 저를 바라보았어요. 저는 조금 혼란스러운 눈빛으로 당신을 쳐다보았어요. 당신이 언제 나에게 이토록 행복한 미소를 지어 보인 적이 있었나. 당신이 조금 낯설기도 하면서, 한편으로는 가슴이 저미듯 심장이 아팠어요.

오늘 당신을 만나던 날을 떠올려요. 폭염의 언덕을 오르는 당신을 발견한 순간, 어쩌면 나는 약속에 늦었다는 짜증감보다는 행복감이 더 크게 밀려들었던 건 아닐까. 달의 중력으로 어쩔 수 없이 끌어당겼다 밀렸다 하는 파도처럼, 저도 모르는 새에 당신에게 이끌려가고 있던 것이라고요. 저는 당신 모르게 키워왔던 감정을 꼭꼭 눌러 놓은 채로 당신을 바라보았어요. 당신은 나의 혼란스러운 눈빛에도 아랑곳하지 않고, 그저 상냥하고 귀여운 눈웃음으로 날 바라보았어요.

— *다음 여름에도 여기 꼭 오자. 우리가 찾은 장소니까, 너랑 나. 우리 둘만의 아지트야. 다른 사람한텐 비밀!*

당신이 검지를 입에 대며 생긋 웃었어요. 저는 대답 대신 수줍게 고개를 끄덕였어요.

어쩌죠? 다음 여름이 오기까지, 지금 이 순간을 담아두고 기다리고 또, 기대하겠죠. 저는 아마 다음 해의 여름이 오기까지 참을 수 없을지도 몰라요.

— *그 다음까지 못 기다리면 어떡하죠?*

나도 모르게 내 속마음이 튀어나온 순간에 당신의 표정을 보았어요. 당신은 놀랐지만, 바로 의미심장한 미소를 띠었어요.

— *그럼 여름이 오기 전에 한 번 더 보자.*

어쩌면 나는 당신의 그 말을 기다렸는지도 모르겠어요.

우리의 계절

  서쪽으로 기우는 해를 등지고 선 네 얼굴에 그늘이 드리웠다. 바다 위에 뜬 섬 너머로 지는 해는 평소보다 유난히 뜨겁게 보였다. 그 시간이면 해와 달을 함께 볼 수 있었다. 미농지에 덧대어 그린 배경처럼 같은 하늘에 해는 녹아내렸고, 달은 흐릿하게 보였다. 식어가는 해와 하얀 달과 넉넉한 하늘과 포근한 바람이 함께하는 시간이라서 그럴까. 아니면 해를 등진 네 얼굴이 잘 보이지 않기 때문일까. 왠지 지금이라면, 네 마음과는 무관하게 나의 고백이 받아들여질 것만 같았다. 그것이 너에 대한 잘못이었든, 사랑이었든, 혹은 어떤 이별이었든. 고백에 따른 응답 자체가 순조롭게 흘러갈 것만 같은, 확신에 찬 분위기가 말이다.

  붉은 노을빛에 어렴풋이 비친 네 입술을 바라보았다. 입가에 살짝 올라간 긴장과 설렘은, 이미 내가 너에게 무슨 말을 할지 전부 알고 있는 듯했다. 나는 입술을 달싹이다 다물었다. 하고 싶은 말이 많았지만, 어떤 말을 먼저 해야 할지 몰랐다. 사랑을 먼저 말하기에는 너무 가벼울 것 같았고, 진심을 먼저 말하기에는 너무 구구절절해 보일 것 같았다. 차라리 마음을 꺼내어 보여줄 수 있다면 어땠을까. 그럼 너는 웃으며 내 마음을 안아 줄까.

사랑에도 질량이 있다면, 나는 어느 정도의 부피일까? 너를 보고 있는 것만으로도 가슴이 내려앉는 것처럼 철렁거렸다. 어쩔 때는 기운 찬 파도가 불러일으킨 해일처럼 복잡하기도 했다. 마음은 시시때때로 안절부절못했다. 어쩌다 너와 두 눈이 마주 칠 때면 시선을 어디로 둬야 할지 몰랐다. 능청스럽게 아닌 척 연기하는 편이 나을까. 그러나 그렇게까지 하지 못하겠다. 네 앞에서는 태연하게 연기할 수 없었다. 단지 내 마음을 들켜버릴까 염려스러운 게 아니었다. 계속 널 보고 있으면, 내 심장이 미어지듯 아팠기 때문이었다.

널 바라보는 것만으로도 아픈 이 마음을, 어떻게 하면 너에게 보여줄 수 있을까. 지난밤, 잠 못 이루며 내내 생각했다. 널 보면 무슨 말을 먼저 할지, 어떤 타이밍에 고백할지, 그리고 내 진심을 들었을 때 네 표정은 어떨지. 하지만 막상 너를 마주하고 보니, 머릿속이 새하얘져 아무 말도 떠오르지 않았다. 해를 등진 너의 보이지 않는 얼굴을 지긋이 바라보았다. 그늘진 얼굴에서도 너의 따뜻한 눈빛이 보였다. 예전 같으면 피했을 두 눈빛을, 나는 하염없이 바라만 보았다. 가슴이 아프고, 아리고, 쿵쾅거렸다. 그래도 계속, 계속, 너를 바라보았다. 말없이 그저, 말없이.

　내 눈빛을 읽은 네 눈빛도 가만히 나를 향하고 있다. 그렇게 천천히 얼굴이 가까워졌다. 다가가는 나를 보고 잠깐 멈칫거리던 너도, 천천히 나에게 다가왔다. 늘 상상하기만 했던 네 입술이 내 입술에 포개어졌다. 미끌거리고 따뜻한 감촉이 입 안 가득 맴돌았다. 우리를 둘러싼 배경이 몇 배는 더 풍성해지는 기분이었다. 포근한 노을빛과 하얗게 빛나는 달빛과 금빛으로 일렁이는 바다의 잔물결과 이 시간이 지나면 다시 맡을 수 없는 이 순간의 냄새, 너의 살 냄새와 샴푸 냄새, 조금씩 움직일 때마다 들리는 셔츠 구겨지는 소리 그리고 점점 더 거칠어지는 네 숨소리….

　지금 이 순간, 나는 우리가 어느 계절에 서 있는지 모르겠다. 우리의 입맞춤은 포근한 봄 향기였다가 뜨거운 여름이기도 했고, 따뜻한 가을이기도 했다가 순수한 겨울이기도 했다. 적어도 지금 이 순간은 그랬다. 파르르 떨리는 네 속눈썹을 느끼며, 너를 있는 힘껏 끌어안았다. 어느 계절이면 어떤가. 나는 오늘을, 너의 계절이라고 부르겠다.

부디 모른 척 지나가주세요

 바래진 추억 속에 사는 것만큼 잔인한 것도 없을 겁니다. 당신 없이는 죽어도 못 살 것 같던 날들이, 어느 순간 끝이 났습니다. 헤어지자는 인사 없이 천천히 멀어졌던가요? 아니면, 그래도 마지막으로 깊은 포옹을 했던가요? 잘 모르겠습니다. 우리의 시간은, 알아볼 수 없을 만큼 해진 글자가 되었습니다.

 내가 당신을 사랑할 때, 습관처럼 내뱉던 말이 있습니다. 혹여 우리가 헤어지게 되더라도, 우리가 함께한 지금 이 순간을 잊지 말자고, 영원히 간직하자고 말입니다. 어느 타임슬립 멜로 영화에서나 나올 법한 대사를 아무렇지 않게 당신에게 뱉어댔죠. 그런데 그 말이 현실이 될 줄 누가 알았을까요. 헤어진 지 긴 세월이 흘렀는데도, 나는 이따금 그때의 우리를 회상하곤 합니다.

매일 집요하게 쫓아다니던 당신의 얼굴은 이제 기억이 잘 안 납니다. 가끔 당신과 비슷한 사람을 보게 되면, 당신은 잘 지내고 있을지 궁금해졌습니다. 어떻게 지내는지, 하루가 고단하지는 않은지, 그리고 이젠 다른 사람을 만났을지…. 당신의 가슴에 내가 지워졌다고 해도 서운하지 않을 것 같았습니다. 당신이 누굴 만나든 나완 상관없는 일입니다. 그러나 지금은 괜찮은데, 어쩌다 당신을 우연히 마주하게 되었을 때, 그때 나는 정말 괜찮을 수 있을까요? 괜찮지 않다면, 그때 나는 어떻게 당신을 바라보게 될까요.

당신의 얼굴은 잘 기억이 나지 않는데, 당신과 함께 했던 추억들이 떠오릅니다.

내 가슴속 당신은 잘 보이지 않는 얼굴이 되어서는 나와 함께 밥을 먹었습니다. 조그마한 캔커피 하나를 들고서 동네를 걷기도 했고, 별이 쏟아지는 밤하늘을 함께 바라보기도 했고, 밤을 새워 함께 공부하기도 했습니다. 그때 참, 우린 순수하고 풋풋했습니다. 구멍 난 양말을 보며 깔깔 웃을 수 있던, 열심히 준비한 시험에 낙방해 눈물을 떨어뜨릴 때 진심으로 위로해줄 수 있던, 배고픈 시절의 우린, 서로에게 애정어린 뜨거운 마음으로 안아 주었습니다.

다시 당신을 만난다거나, 당신이 무척 보고 싶거나 하지 않습니다. 그냥, 이따금 어떤 날에 당신이 내 마음에 불쑥 찾아오곤 했습니다. 마치 이 순간을 잊지 말자고 내뱉은 말이 그 약속을 지키려는 듯이, 최선을 다해 현재에 부딪힌 것만 같습니다. 지난날 영혼의 투쟁이 아직까지도 당신을 기억하게 만드나 봅니다. 그때 함께 계절 냄새를 맡으며 하늘을 올려다보던, 나중에 나이 지긋한 어른이 되었을 때의 우리를 상상하며 버틴 시간들. 그 시절의 우리가 가끔 생각납니다.

어쩌다 우리 우연히 마주치게 되었을 때, 그때 우리는 어떤 모습으로 만나게 될까요? 만약 우리가 우연히 마주치게 된다면, 부디 모른 척 지나가 주세요. 세월이 진득하게 흐른 만큼, 나도 당신도 많이 변했을 테죠. 지난날 우리의 순수했던 사랑을 훼손시키고 싶지 않습니다. 세월에 무뎌진 각자의 가치관과 생각들로, 뜨거웠던 추억을 덮고 싶지 않습니다. 우리는 단지, 각자의 시간이라는 교차로에서 잠시 머물렀을 뿐이라고.

당신을 만나는 동안, 당신을 사랑하지 않은 날이 없었습니다. 그때의 깨끗하고 어여쁜 미소를, 살면서 가끔씩 꺼내보고 싶습니다. 당신 없이 사는 동안, 내가 천천히 늙어가는 동안. 조금씩, 조금씩 바래져가는 그 추억을 말입니다.

다른 언어

 긴 시간 오해가 불러일으킨 참극은 끔찍하기 짝이 없었다. 어쩌면 서로에 대한 예의였을 수도, 누군가의 일방적인 사랑이었을 수도, 또 다른 누군가의 가벼운 마음이었을 수도 있다. 우리는 분명 같은 언어로 대화를 나눴는데, 그 누구도 명확하게 제 뜻을 받아들이지 못했다.

 당신을 좋아한다는 말속에는 많은 의미가 스며 있었다. 이성으로서 당신을 사랑했을 수도 있고, 단순히 사람으로서 당신이 좋았을 수도 있다. 오늘은 당신과 더 오래 있고 싶었는데, 상황이 어쩔 수 없었던 건지, 아니면 단순히 피곤한 탓이었는지 당신은 걸음을 재촉했다. 당신은 끝까지 나를 집에 가는 길목까지 바래다주었다.

 ― *밤이 너무 늦었어요. 이제는 집에 들어가야죠.*

 당신의 따뜻한 상냥함이, 그날따라 무척 밉게 보였다.

당신과의 사랑이 깊다고 말하기에는, 우리가 알고 지낸 시간이 무척이나 짧았다. 해가 고꾸라지고 차가운 달빛이 치솟는 밤, 나는 몇 번이나 당신에게 보낼 메시지를 썼다 지웠다 했다. 이젠 나도 내 마음을 몰랐다. 당신에게 다가가고 싶은 건지, 아니면 당신이 와주기를 바라는 건지, 당신이 온다면 나는 진심을 다해 당신을 사랑할 수 있는지. 확신 없는 마음은 깊은 고민의 밤으로 정신을 꾸역꾸역 밀어 넣었다.

하지만 이 밤만 지나면, 나는 다시 당신을 마주하게 될 것이다. 내일이면 또 당신과 함께 걸을 것이고, 같은 공기를 마시며, 같은 계절을 느낄 것이다. 비록 지금은 내 마음을 확신할 수 없을지라도, 당신을 놓치고 싶지 않다. 애매하게 재단하던 내 마음을 당신이 알아채 주었으면 했다. 정말 나를 사랑하느냐고 물어봐주었으면 했다. 말로 표현할 수 없는 것들은, 때로 눈빛에서 읽히게 마련이었으니까. 당신의 두 눈을 보고 있으면, 나는 나도 모르던 내 순수한 진심을 들켜버리곤 했다. 그래서 애써 눈빛을 피해, 횡설수설 말을 얼버무렸다. 그런 날이면 당신은 나의 언어를 제대로 해석하지 못했다. 오히려 내가 당신을 불편하게 여긴다고 생각했다.

오늘, 우리 같이 있을까? 하고 싶은 말들이 혀 밑에 고였다. 목울대를 울렁거리며, 하고 싶은 말을 애써 삼켰다. 아직은 내 마음에 대한 정립이 필요했다. 내가 정말 당신을 사랑하는지, 당신을 안을 준비가 되어 있는지. 긴긴밤을 홀로 지새우면서, 당신을 그리워하는 마음을 손으로 꼽아보아야만

했다. 기준은 없었다. 어쩌면 그런 밤들이 십 수 번 흘러간다고 해도, 나는 내 마음을 확실히 못 정할지도 모른다.

당신의 마음이 궁금했다. 내가 당신을 그리워하는 시간이 켜켜이 쌓여 갈수록, 당신은 나를 어떻게 생각할까. 어쩌면 당신은 내 진심을 다 알고서도, 그 시간을 즐기고 있는 걸지도 몰랐다. 내 마음을 가지고 장난치는 것이라면 용서할 수 없겠지만, 그런 사실을 알게 되더라도 나는 또 어쩔 수 없이 당신을 보고 싶어 할 것이었다. 당신은 그런 사람이었다. 거짓말로 치장한 예의라도 변함없이 내 곁에 있을 사람. 이런 팽팽한 긴장감 사이에서, 당신을 두근거리는 마음으로 바라볼 수 있다는 것만으로 괜찮을 거라는, 참담한 혼잣말.

나의 바람은 단순했다. 넓고 따뜻한 품으로 나를 껴안으며 사랑한다고 말해주면 됐다. 단지 그 말 만으로 나는, 불확실했던 시간에 대한 불안감을 금세 씻어내 버릴 수 있을 테니까.

이 불안한 밤의 시간을 당신이 끝내주었으면 좋겠다. 해석되지 않는 각자의 언어는 덮어버리고, 진지한 눈빛으로 말해주었으면 한다. 그 말이 영원한 이별을 뜻하지 않았으면 한다.

나도 널 사랑해.

그 말 한마디라면 충분하다.

집 앞 가로등 불빛 아래서 천천히 손을 흔드는 당신이 보인다. 나는 들어가라는 당신의 손짓을 한참 바라보았다. 그리고 서서히 멀어지는 당신의 뒷모습. 나는 씁쓸해하며 뒤를 돌았다. 집으로 향하는 계단을 오르던 그 순간, 갑자기 투박한 발자국 소리가 빠르게 들려오기 시작했다. 나는 천천히 고개를 돌렸다. 이미 멀어졌을 거라 생각했던 당신이 내 앞에 서 있었다. 숨을 고르며, 나를 바라보는 그 눈빛이 너무도 간절했다.

— *아니, 조금만 더 있다 가도 돼?*

당신이 조용히 내 이름을 불렀다. 숨이 막힐 듯 두근거리는 순간. 당신의 목소리가 한 걸음 더 가까이 다가왔다.

짧지만 진심 어린 고백, 턱 밑에 맴돌던 말을 간신히 내뱉었다. 따뜻한 밤바람이 우리 사이를 감쌌다.

— *좋아.*

그 순간, 나는 깨달았다. 복잡한 말들이 아니라, 단지 우리의 마음이 용기의 벽에 가로막혀 있을 뿐이었다는 걸.

장거리

 진심은 공든 탑 위에 위태롭게 올려져 있었다. 그 탑은 우리의 마음을 하나씩 덜어내 쌓아 올린 흔적이었다. 함께했던 순간들을 층층이 쌓은 탑위에서, 오늘도 우리는 그 위에서 서로를 바라보고 있었다.

 너는 나를 언제든 무너뜨릴 수 있는 바람이었다. 너라는 바람은, 어떤 날엔 바람 한 점 없는 봄날처럼 차분했다가, 또 어떤 날엔 태풍이 휘몰아치듯 내 마음을 뒤흔들었다. 네가 그리운 날이면, 나는 네가 없는 공간에서도 너를 찾았다. 네가 좋아하던 원두 커피를 사서 마시고, 네가 좋아하던 노래를 듣고, 네 향이 남아 있는 옷을 입었다. 네가 없는 곳에서도 너를 찾아 헤매는 마음을 '사랑'이라고 부른다면, 나는 너를 참 깊이도 '사랑'하고 있었던 것 같다.

 이따금 닿는 너의 손끝과 네 머리칼, 네 품에서 나는 비누

향이 내 가슴을 더 벅차게 만들었다. 금방이라도 물리적인 모든 공간을 부서뜨리고, 네 손을 잡아버리고만 싶었다. 하얗게 부서지는 입김 사이로 설렘에 긴장한 네 두 눈을 보고 싶었다. 그렇게 다시 또, 가슴이 터질 것처럼 널 껴안고 싶었다.

저녁노을이 저물던 때, 우리는 함께 걷고 있었다. 기차역으로 향하는 길이었지만, 나는 한 걸음이라도 너와 더 천천히 걷고 싶었다. 네가 곁에 있는 이 순간이 조금이라도 길어지길 바랐다.

— *이제 집에 가야겠다. 나도 곧 버스 막차야.*

해가 지기도 전에 너는 기다렸다는 듯 내게 통보했다.

— *벌써 그렇네.*

하지만 나도, 너도 쉽게 발걸음을 떼지 못했다. 우리는 느리게 걸었고, 다시 서서 서로를 바라보았다. 말하지 않아도 알 수 있었다. 사실은 아직 헤어지고 싶지 않다는 걸.

— *이상하지? 다른 날은 엄청 느리게 가더니, 너랑 있으면 시간이 너무 빨리 가.*

네가 작은 목소리로 말했다. 나는 웃으며 고개를 끄덕였다.

— *나도 그래. 집에 가도, 또 너 생각할 거야.*

우리는 기차 앞에 다다라서도 한참을 서 있었다. 마치 오늘 하루가 끝나지 않길 바라는 듯. 그러나 결국 너는 작은 손짓과 함께 돌아섰다. 나는 기차에 앉아 차창 밖을 바라보았다. 창밖의 네가 주머니에서 핸드폰을 꺼내 가리켰다. 나도 주머니 속에서 휴대폰을 꺼냈다.

〈잘 가!〉

곧바로 네게서 답장이 왔다. 나는 입술을 삐쭉거리며 답장했다.

〈너도! 근데 잠깐만….〉

〈왜?〉

〈그냥, 좀 아쉬워서….〉

창밖의 네가 피식 웃으며 답장을 썼다.

〈한 달만 참자. 기다리는 동안 보고 싶어하는 것도 괜찮아.〉

〈응… 그래도 조금 아쉬워.〉

너의 문자를 읽으니 마음속엔 작은 불빛이 켜진 것처럼 따뜻한 감정이 퍼졌다. '한 달 뒤면 또 너를 만날 수 있다.' 내 생애 이토록 보고 싶고, 이토록 기다려지는 사람이 있었을까? 나는 네게 다시 메시지를 보냈다.

〈한 달 뒤에 보자!〉

〈응. 도착하면 연락해!〉

화면 속 짧은 대화가 마음을 두근거리게 했다. 나는 기차에서 점점 멀어지는 네 뒷모습을 바라보았다. 기차에서는 곧 출발한다는 안내가 나오고, 기차 문이 닫히는 소리가 들렸다. 나는 핸드폰을 들어 다시 우리의 채팅창을 확인했다. 아직도 넌 나의 메시지를 읽지 않은 채였다. 그때였다.

누군가 헉헉거리며 내 옆자리에 털썩 앉았다. 나는 눈을 동

그렇게 뜨고 옆사람을 바라보았다.

　너였다.

　— *깜짝 놀래키는 것도 힘들다.*

　네가 헐떡이며 말했다.

　— *뭐야, 너?*

　내가 묻자, 네가 배시시 웃으며 말했다.

　— *내일 연차 썼어. 오늘은 너네 집에서 놀 거거든.*

　놀라서 동그랗게 뜬 내 눈을 보며 네가 생긋 웃었다. 나는 풋 웃으며 너를 쳐다보았다. 내가 웃자, 너도 나를 따라 웃었다.

　몇 사람 타지 않은 기차 안에서는 너와 나의 키득거리는 웃음으로 가득 찼다.

단 하나의 악보

 내가 애정을 담아 작곡한 당신만의 단 하나 악보가 될 때, 나의 숲에 흩어진 꽃잎들은 음표가 된다. 햇살에 찬란하게 반짝이는 꽃잎들이, 우리의 주변을 동그랗게 에워쌌다. 당신의 검은 두 동공이 맑게 빛나고, 그 눈길이 졸졸 흐르는 시냇물처럼 내게 온다. 그 시냇물 같은 시선에 띄워진 사랑이란, 부드럽게 흐르는 뉴에이지처럼 순수하고 깨끗했다.

 봄볕처럼 따스한 손과 바람결에 헝클어진 머릿결, 뒤돌아 살짝 웃는 미소가 가슴을 뜨겁게 물든다. 마음은 아주 살짝 멍이 든 자두처럼 말랑거릴 것만 같다. 그렇게 한 입 크게 베어 문 달큼함에 나는 두 눈을 질끈 감아버렸다. 내 입술을 엄지손가락으로 닦아내며 씩 웃던, 그 장난기 어린 표정에 나도 모르게 피식 웃고 말았다. 그러다 어느 틈엔가 재빠르게 다가온 당신의 얼굴을 채 피하지도 못한 채, 속수무책으로 입술을 빼앗기고 말았다. 그 순간 '우리'라는 이름의 숲에선 부드럽고 따뜻한 연주곡이 흘러나왔다. 우리도 우리만의 방식대로 연주에 합류했다. 입술 사이를 미끄러지듯 나아가는 밀접한 소리들이, 모든 정신을 새하얗고 아득하게 만들어버릴 만큼 강렬하게 밀려들었다.

입술과 입술, 코끝과 코끝, 그렇게 시선과 시선으로부터 천천히 떨어지기 시작했을 때, 그때 당신의 눈빛이 기억난다. 그 장난기 가득했던, 용감하고 굳셌던 검은 눈동자는, 아주 천천히 떨리고 있었다. 조금 당황한 듯, 어쩌면 설렘이 에워싼 눈길에는 더 이상 잔잔한 강물 따위 흐르지 않았다. 긴장감으로 흔들리는 시선과 박자를 놓친 빠른 심장 소리가 거세게 들렸다. 당신이 어찌할 줄 몰라 눈을 끔벅이던 사이, 이번엔 내가 용기를 내어 당신의 손을 잡았다. 따뜻했던 손은 어느 틈엔가 몹시도 뜨거워져 있었다.

우리는 아무 말도 하지 않았다. 서로의 눈빛 속에 숨어버린 진심 따위 살펴볼 여력도 없었다. 단지 우리를 에워싼 이 모든 자연의 연주들이, 숲 사이를 스쳐 지나간 바람들이, 우리가 맞잡은 뜨거운 손이 진심이라고 믿게 만들어줄 뿐이었다. 이 순간만큼은 우리는 우리에게 진심이었다.

바람이 잔잔해지고, 하늘이 점점 푸르러졌다. 별빛을 머금은 바람이 우리 사이를 스쳐 지나갔다. 당신은 그 바람을 따라 눈을 감고, 살짝 숨을 들이마셨다. 그러고는 천천히 내 손을 어루만졌다. 당신이 입술을 살짝 떼어, 무언가 말하려는 듯했다. 나는 숨죽인 채 당신의 목소리에 귀 기울였다.

— *…지금 이 순간, 멈췄으면 좋겠어.*

그 말 한마디가 가슴속에 깊이 박혔다. 우리는 다시 아무 말 없이 서로를 바라보았다. 밤이 이 순간을 감싸줄 때까지, 우리는 서로를 놓지 않았다. 어쩌면 사랑이란 이렇게 소리 없이 다가오는 것인지도 몰랐다.

저 멀리 어둠이 깊어지고, 숲의 그림자가 우릴 덮을 때, 별빛이 반짝이며 노래하기 시작했다. 어디선가 은은한 바람이 불어와 나뭇잎들을 흔들었다. 나무 사이를 통과한 바람이 우리의 귓가에 속삭였다.

— *좋아해.*

나는 그 속삭임을 듣고 천천히 고개를 돌렸다. 당신의 눈이 반짝이며 나를 바라보고 있었다. 우리가 만들어낸 우리만의 연주곡 장르가, 이 밤하늘에 한 편의 동화처럼 새겨지는 듯했다. 우리는 천천히 서로에게 기댔다. 멀리서 작은 반딧불이 어두운 밤하늘 위를 반짝이며 날아올랐다. 밤이 깊어도, 찬란히 반짝이는 우리의 지금처럼.

궤도를 따라

 모든 게 완벽했다. 삶도, 일도, 사람도. 이토록 완벽했던 적이 없었다. 누굴 만나도 즐겁고, 행복했던 날들. 각자의 생태계를 지키며 반짝이는 행성들의 삶처럼, 적당한 침해와 적당한 무관심으로 이루어진 나의 우주. 나의 우주를 탄생해 내기까지 많은 고난과 시련이 있었다. 사람을 좋아해서 누군가를 쉽게 믿었다가, 뼈아프게 상처 입기도 했다. 그래서 타인에게는 온전히 내 마음을 꺼내 보이지 말자고 다짐했다. 그래야만 상처를 주지도, 입지도 않을 것 같아서. 그런 내 안의 작은 신념만이, 이토록 찬란하고 아름다운 우주를 만들어낼 수 있었다.

 그러나 나의 우주는 길게 가지 못했다. 신념은 마치 송곳이 가득한 벽에 물풍선을 터뜨리는 것처럼 연약했다. 어느 한적한 겨울, 창밖에 얼음장 같은 바람이 울음소리를 내던 날, 테이블에 마주 앉은 너를 알게 되면서부터, 너의 그득한 두 눈에 담긴 슬픔과 설렘을 읽고 나면서부터, 나의 삶은, 나의 고독한 우주는 서서히 무너져 가기 시작했다.

마치 외로운 별 하나가 은하의 중력에 이끌려가는 것 같았다. 나는 점점 더 너에게 빠져들었다. 너의 눈빛은 나의 궤도를 틀어버렸고, 나는 내가 가야할 목적지와 방향을 잃어버렸다. 그 순간부터 나는 너라는 궤도를 따라 돌기 시작했다. 나의 모든 계절이 너로 인해 달라졌고, 나의 달도 태양도 전부 너였다.

나의 외로운 우주를 지키기 위해 안간힘을 썼어야 했을까. 너의 그 눈빛에 흔들리지 않았어야 했다. 그토록 사람을 쉽게 믿지 말자고 다짐해놓고서도, 나는 무아지경으로 너에게 빠져 들었다. 그러면 안 되는 줄 알면서, 상처뿐인 만남이라는 걸 알면서도….

밤이면 오직 네 생각에 잠 못 이뤘다. 그토록 사랑하던 나의 우주, 나의 삶, 나의 일, 나의 사람들은 뒷전이 되었다. 이젠 널 보지 못하면 눈물이 날 정도였다. 어쩌다, 나는 어쩌다 이렇게 무너져버리게 된 걸까.

지금이라도 마음을 다 잡기 위해서는 너를 있는 힘껏 밀어내야만 했다. 그래, 반드시 그래야만 했다. 나의 우주를 지키기 위해서, 나는 애써 평정심을 유지해야만 했다. 너는 나를 사랑하지 않을 것이라고, 나는 그렇게 누군가에게 아름다운 사람이 아니라고, 너같이 멋진 사람이 나 따위 사랑해 줄 리

만무하다고, 나 혼자 널 좋아했던 것이라고…. 너를 떨쳐내는 일은, 나를 사랑하지 않는 것이었다. 그렇게 해야만 나의 우주를 지켜낼 수도, 네게서 천천히 멀어질 수도 있었다.

하지만 어느새 너는 나의 별이 되었고, 우주가 되었고, 은하가 되었다. 네가 없는 나의 우주는 텅 비어버렸다. 궤도를 이탈한 별처럼 어디로 향해야 할지 몰랐다. 모든 것을 잃어버린 내 행성의 절벽에서 너를 떠올렸다. 마치 우주 저편에서 들려오는 미약한 전파 신호처럼, 아직 사라지지 않은 너에 대한 기억이 가슴속에서 희미하게 울렸다.

나는 너에게서 달아났고, 너는 결국 행성을 떠다니는 우주의 이방인처럼 내 곁을 떠났다. 나는 그토록 나 자신이 그토록 바랐던 외로움 곁으로 나를 밀어 넣었다. 외로움과 고독감은 전에 느껴본 것과는 다른, 더 깊고 차가운 깊이로 다가왔다.

너와 짧게나마 이야기를 나누며, 남몰래 널 좋아해 본 순간들을 펼쳐본다. 나의 중력을 잃어버린 채, 그저 너에게 이끌려갔던, 주체할 수 없는 사랑의 속력을. 광활한 외사랑의 우주를 유영하던 매력적인 우주 비행사를. 기어이 나의 행성을 모조리 다 파괴하고 떠나간 그, 외계인을.

나는 이따금, 그 시절 온전한 행성이었던 나를 기억한다. 누군가 없이도 혼자서 잘 지낼 수 있었던 꿋꿋하고 당찼던 그때의 나. 또는 내 인생에 다시없을 진심 어린 사랑과 반송된 메시지들까지. 절절한 시작이 슬픈 안녕이 되었음을 이제는 품 안에 담아두어야만 하는 때가 온 것일까.

 하지만 언젠가 다시, 우주의 어디선가 너를 만나게 된다면, 우리는 그때도 예전처럼 같은 궤도를 그릴 수 있을까?

 왜 나는 그런 운명같은 만남을 다시 고대하는 걸까. 감정을 밀어내며 접은 진심을 애써 펼쳐보이고 싶은 건, 이런 내 마음은, 도대체 어떤걸까. 나도 내 마음에 뒤엉킨 공식을 풀지 못 하겠다.

너의 결혼식

흩날리는 눈발 사이로, 바람의 울음소리가 들린다. 그 눈발에는, 어느 날 고요하게 웃는 네 얼굴이 보였다. 수줍게 웃으면서도 커다란 두 눈은 나에게 고정하고 있던, 그 모습이 어여뻐서 한참을 넋 놓고 바라보았던 그 시절의 너와 나.

그러나 그 시간들은 속절없이 흘러 어느덧 '결혼'이라는 종착지를 향해 내달리고 있었다. 그 사이, 너와 나의 거리는 서서히 벌어졌다. 어떻게 해도 그 간극을 좁힐 수 없었다. 우리가 함께하는 시간의 유속은 그토록 빠른 것이었다.

바라보고만 있어도 가슴이 벅찼던 이유는 우리가 남들보다 조금 더 빠른 시간여행을 하고 있었기 때문은 아니었을까? 거리의 불빛에 부서지던 눈동자, 당신의 품에서 나던 풀꽃 향기, 꾹꾹 눌러 쓴 손편지와 목소리가 녹음된 테이프 그리고 햇살처럼 눈부시던 미소. 이별을 앞둔 그날의 잔상들이 필름처럼 흩어져 여러 날 동안 마음속을 나뒹굴었다. 어디로 흩어졌는 줄 모르게, 마음의 침대 밑에, 장롱 밑에, 서랍 구석에.

그리고 오늘, 네가 인생의 새로운 봄을 맞이하는 날이 왔다. 내가 아닌 다른 사람 곁에 하얀 드레스를 입고, 밝은 얼굴로 서 있는 네가 보인다. 네가 가장 행복해야 할 그 순간, 나도 함께 웃어 본다. 어쩌면 나는 네가 행복해지는 모습을 바라보며, 나도 행복해질 수 있지 않을까 생각했던 것 같다. 앞으로는 너 없이 수많은 세월을 보내야 했음에도 불구하고….

우리가 함께한 계절은 여전히 내 안에 남아 있다. 네가 새하얀 베일을 쓴 모습으로 걸어가는 순간에도 너는 여전히 아름답다. 예전처럼 네가 웃었고, 나는 그 미소를 다시 한 번 마음속에 담았다. 언젠가 우리에게도 이런 날이 올 줄 알았는데, 어긋나버린 시간을 고치기에는 너무 멀리 와 버렸다. 결혼식에 오기 전에는 마냥 슬플 줄만 알았지만, 막상 이 순간을 마주하고 보니 슬픔보다는 따뜻한 기분이 들었다.

너와 함께했던 계절은 한 장의 사진처럼 내 마음 한편에 자리 잡고 있다. 우리가 손을 잡고 거닐던 겨울 거리, 서로를 바라보며 소소한 일상을 이야기하던 순간들, 장난스럽게 눈싸움을 하던 날들까지. 시간이 흘러도 선명한 그 기억들은,

세월이 흘러도 여전히 아름답게 남아 있을 것이다.

우리는 함께 울기도 했고, 함께 웃기도 했고, 때로는 같은 곳을 바라보며 같은 꿈을 꾸기도 했다. 손을 맞잡고, 이십 대의 여정을 함께 걸었던, 나의 지난 청춘의 동행자. 나는 진심으로 네가 행복하길 바란다.

시간이 흐르고, 우리의 계절이 차츰 희미해질지라도, 너의 옛 잔상들은 언젠가 마음의 침대 밑, 장롱 밑, 서랍 구석에서 우연히 발견될 기억으로 남아 있을 테다. 그리고 먼 훗날 우연히 그 기억을 발견하더라도, 나는 웃을 수 있을 테다. 그저 미소 지으며, '참 좋은 계절이었다'고, 그렇게 말할 수 있을 것이다.

결혼식이 끝나고, 네가 내게 다가와 환하게 웃으며 인사를 건넨다.

― *오랜만이야. 잘 지냈어?*
― *응, 넌 여전히 예쁘네. 정말 축하해.*

나는 살짝 고개를 숙이며 웃었다.

누구를 위한 이별이었을까? 어쩌면 우리를 위한, 그리고 더 나아가 각자의 행복을 위한 이별이었을 것이다.

우리는 언제 그랬냐는 듯 또 각자의 계절을 살아갈 것이다. 네가 내 앞에서 다정한 연인의 손을 잡고 나를 향해 웃는 그 순간에도, 나는 흔들림 없이 너를 축복할 것이다. 그것이 우리가 지켜온 사랑의 마지막 모습이니까.

우리가 우리를 모르기 전으로

 조금씩 누그러지는 삶. 감정은 자연스럽게 사라지는 것인 줄 알았다. 외로운 계절에 피어난 꽃은, 활기찬 봄을 맞이하고 나면 시들해져 버리곤 했으니까. 영원히 뜨거운 마음이라는 건 존재하지 않는 것이라고. 어느 겨울 해질녘 눈부신 찬란함으로 더없이 아름답던 당신의 얼굴을 떠올리며, 우리가 조금 더 일찍 만났으면 어땠을까 생각하기도 했다. 당신을 믿었지만, 내일을 믿을 수 없었다. 외로운 계절의 꽃은 언제든 시들어지고 말 테니까.

 사무치게 사랑하는 마음으로, 코끝에 잔잔히 부서지는 훈김을 따라 천천히 당신을 올려다보았다. 불빛을 등지고 선 얼굴에도 일렁이는 눈동자가 보였다. 반짝이는 도시의 불빛, 지나가는 자동차 소리와 몇몇 사람들의 산책하는 소리, 가로수의 앙상한 나뭇가지 사이로 스쳐 지나가는 겨울 바람소리, 눈이 쏟아지기 전의 적막. 모든 배경이 아득해지고 오직 당신만 보이기 시작했을 때, 나는 당신을 놓칠세라 처절하게 바라보았다. 어둠 속에서도 당신을 잊지 않겠다는 듯이. 그래야만 당신이 도망가지 않을 것 같았다. 그래야 내일도, 당신이 변하지 않을 것만 같았다. 마음 한 편에 자리 잡은 두려움이 울컥 치밀어 오를 때마다, 나는 당신 모르게 눈물을 훔쳐냈다.

— *저, 이제 어떡하죠? 이제 돌이킬 수 없을 것 같아….*

눈물과 함께 막막한 한숨을 내쉬었다.

입술에 불어넣은 우리의 사랑이 미끄러지듯 차오를 때, 내 심장은 주체할 수 없을 정도로 마구 뛰었다. 언젠가 변해버릴 사랑에 두려워하면서도, 한편으로는 무척 기뻤다. 괴롭고 행복한 이 순간을, 언제나 기억하고 싶었다. 눈물이 흘러 턱 밑으로 떨어지는 와중에도 나는 계속해서 당신을 바라보고, 입술을 섞고, 뜨겁게 껴안았다.

— *가지 마요, 나랑 같이 있어요.*

내가 당신에게 뜨겁게 속삭일 때마다, 가슴에 또 한 번 두려움이 요동쳤다.

— *사랑해요.*

이미 몇 번이고 수없이 내뱉었을 말을 가슴에 묻으며, 애써 당신을 껴안았다. 불안한 밤이 흐르고, 고통스러운 그리움이 묻혔다. 그 시간 속에서도 나는 언제나 그날 우리의 눈빛을 또렷이 기억했다.

당신과 함께하면, 늘 괴로우면서도 행복했다. 그 아픈 행복 속에서도, 그래도 당신을 사랑하기 때문에 모든 아픔도 괜찮을 것이라고 되뇌었다. 시간이 흐르면 다 해결되리라는 막연한 핑계가 점점 더 걷잡을 수 없이 사랑을 키웠다. 이젠 나도 나를 잘 몰랐다. 당신과 헤어져야 하는 것인지, 아니면 당신의 온몸이 부서져라 껴안아야 할 것인지.

— *이러면 안 된다는 거 알잖아.*

당신은 나를 밀어냈지만, 우리는 그러면 그럴 수록 서로에게 이끌렸다. 이런 눈부신 슬픔에도 진심 어린 사랑이 있다면, 평생 오지 않을 마지막 사랑이라고 확신할 수 있다면, 당신의 손을 잡고 달아나도 괜찮은 걸까. 현실의 걱정들, 고민들 다 내팽개쳐버리고, 아무도 없는 곳에서 우리는 진심으로 서로를 사랑할 수 있을까. 아니, 그래도 언젠가 그런 마음도 쉽게 저버리게 되는 것 아닐까. 그럼에도 당신이 무척 보고 싶다고. 아무것도 선택하지 못하는 겁쟁이 같던 마음에서, 당신을 사랑하는 마음만 커져갔다.

애초에 우리가 만나지 않았더라면 어땠을까. 처음부터 당신을 만나지 않았더라면, 이런 아픈 사랑도 없었을까. 누군가를 사무치게 그리워하거나, 죽을 것 같이 사랑하거나, 가슴 미어지게 아픈 감정 따위 알지 못하게 될까. 그래도 차라리, 모든 걸 없던 일로 되돌릴 수 있다면, 난 그렇게 할 수 있을까. 우리가 우리를 모르기 전으로 돌아간다면, 웃으며 당신을 마주 볼 수 있을까. 우리가 그럴 수 있을까….

천천히 녹아가는 눈과 허물어지는 경계와 얕아지는 바람의 노래 사이에서, 천천히 당신을 묻기로 한다. 지워지지도, 잊히지도 않을. 그저 덮어놓고, 묻어둘 수밖에 없는. 어느 찬란했던 겨울, 우리의 계절을.

영원한 이별

 청명한 겨울 하늘 아래 지상의 공기는 그 어느 때보다 포근했다. 어쩌면 초봄이 일찍 찾아온 것만 같은 햇살. 그 부서지는 햇살을 바라보며, 오늘 날씨 참 좋다, 고 나지막이 내뱉던 목소리가 떠오른다. 뒤돌아서면 추운 그늘이 지는 겨울의 햇살 밑에서, 목소리를 내뱉은 이의 해맑은 미소가 생각난다. 모든 시간이 멈춰버렸으면 좋겠다고, 봄이 오지 않으면 좋겠다고, 계속 우리 이렇게 함께 있으면 좋겠다고. 가슴에 진심을 꼭꼭 눌러놓으며 하늘을 바라보았다. 하늘은, 참으로 잔인하게도, 답답한 내 마음과 다르게 깨끗하고 투명했다.

 당신이 세상으로부터 영원한 소풍을 떠난 날, 그로부터 나의 하루가 수십년의 시간처럼 흐른 날, 그 마지막 순간을 기억한다. 우리는 애써 웃고 있었다. 이따금 치밀어 오르는 불안한 두려움마저 억눌러가며, 필사적으로 우리는 우리의 두 눈을 바라보았다. 시간도, 눈빛도, 마음도 닳고 닳아 없어질 때까지, 우리는 마치 그 날이 마지막일 줄 알았던 사람들처럼, 그 짧은 시간 동안 애처롭게 엉겨 붙어 있었다. 우리는 우리를 힘겹게 붙잡고 있었다. 우리의 시간이, 진심이, 사랑이 다 하기 전까지. 우리가 애써 붙잡고 있던 운명의 끈이 풀어질 때까지.

너의 사고 소식을 전해듣고 돌아오는 밤에 나는 마지막까지 놓을 수 없던 너의 손이 생각났다. 손끝에서 천천히 떨어지던 품과 손끝과 옷자락을 바라보았다. 그리고 끝까지 놓지 못했던 너의 시선과 멀어져 가는 몸. 네가 완전히 사라지자, 포근한 줄로만 알았던 겨울이 무척이나 춥게 느껴졌다. 나는 내 손으로 애써 차가운 어깨를 쓸어내렸다. 아직 내 품에선 네 향기가 났다. 진득한 이 향기가, 오랫동안 품에 머물러 있었으면 좋겠다. 아니, 다시 네가 나에게 달려와줬으면 좋겠다. 아니, 다시 내 옆에 앉아, 그 귀여운 두 눈으로 생긋 웃어주기만 해도 좋겠다….

홀로 길을 걸으며 마지막까지 널 붙잡고 있던 손을 내려다보았다. 언젠가 우리를 잇게 해 준 손, 따뜻한 네 품을 어루만질 수 있었던 손, 그리고 마지막까지 여운만 남긴 손을. 왈칵 터지는 울음에, 나는 한참 거리 위에 주저앉아 있었다. 울지 않기로 했는데, 너 없이도 잘 살아야만 하는데. 아이처럼 소리 내 울면서도 나는 또, 네가 사무치게 그리웠다.

동그란 달이 예쁘게 차오른 밤, 차가운 겨울 바람 소리, 자정이 지나 주홍빛으로 바뀐 도로의 신호등, 그리고 그 사이 가슴을 붙잡고 울고 있던 나. 무척이나 행복하고 소중했던 그 찰나의 순간들이 머릿속을 스치고 지나갔다. 네가 정말 보고 싶을 때, 참을 수 없을 만큼 그리울 때는 어떻게 해야 할까. 어디로 달려가야만 널 볼 수 있을까. 어떻게 하면 우리가 다시 안을 수 있을까. 내가 어떻게 하면….

하지만 이토록 괴로운 그리움 속에서도, 나는 여전히 행복했던 기억들을 떠올린다. 따뜻한 손길, 함께했던 계절, 웃음소리와 나지막한 대화. 그 순간들은 여전히 내 안에서 빛나고 있었다. 네가 내 곁에 있던 날들, 네가 나를 바라보며 미소 짓던 시간들, 우리가 손을 맞잡고 나눈 온기. 너는 사라졌지만, 너와 함께한 기억들은 사라지지 않았다. 나는 그 기억 속에서 너를 만나고, 다시 사랑하고, 그리워하고 있었다.

그로부터 많은 날들이 지났다. 이젠 너를 덮어줘야지 결심한 순간, 그때 나는 왠지 너 없이도 살 수 있을 것 같았다. 내가 잘하면, 널 그리워하는 마음을 애써 억누르면, 시간이 지나면, 그럼 모든 게 해결될 수 있을 거라고 믿었다. 너도, 나도, 우리 모두 아프지 않고 행복해질 수 있을 줄 알았다. 하지만 그건, 그저 나의 오만한 생각이었다. 환하게 웃는 너의 영정 사진을 본 순간, 나는 또 한 번 깨달았다. 내 인생에서 널 완벽하게 도려내는 일은 할 수 없다는 걸.

너는 언제나, 어디에서나, 어느 때나 내 곁에 있었다. 방 한편에 덩그러니 놓인 책 사이에, 코트 품에, 가방 속에, 네 어깨에 기대 창밖을 바라보던 어느 버스에. 넌 언제나, 어디에서나, 어느 때나 날 잔인한 행복 속으로 밀어 넣었다. 그래도 널 만날 수 없었다. 어디에서나 널 느낄 수 있었지만, 어디에서도 널 만날 수 없었다. 잊을 수 없는 계절의 여전히 또렷한 너를 그저 덮어두어야만 한다는 건, 마음처럼 쉽지 않았다.

너는 덮이지 않았다. 덮어놓은 이불을 헤치고 나와, 기어코 내 앞에서 그리운 눈빛을 그려내고야 마는. 덮어도 덮어도 계속, 계속 튀어나왔다. 그러고는 잘 살라고 내뱉으면서도, 눈물이 가득 찬 눈망울로 나를 지긋이 바라보았다. 그 눈빛에는 '나는 너 없이 못 살 것 같아'라고 말하는 것 같았다. 그 눈빛을 읽자, 하염없이 눈물이 흘러내렸다. 하루에도 수백 번씩, 그 눈빛이 선명하게 떠올랐다. 그래도 그런 모습이 어여뻐서 또 웃었다가, 또 울었다가 했다.

넌 나에게 참으로 잔인한 행복이었다. 널 처음 만나 사랑을 시작했고, 너와 영원히 헤어지던 계절인 겨울. 도돌이표처럼 되돌아 온 이 계절은 마치 타임머신같이, 넌 나의 특별한 계절이 되어가는 것일까.

향수

 밤이 깊어지면 기나긴 그리움이 눈을 떴어. 동그랗게 찬 달빛은 그 어느 때보다도 새하얬지. 눈동자에서 찬란하게 부서지는 달빛은, 그리움의 깊이를 더욱더 진하게 물들였어. 어떤 시간엔 네가 떠오르지 않았는데, 요즘은 하루 종일 네 생각만 났어. 낮엔 조금 괜찮았었는데, 이젠 그렇지도 않아. 너는 시도 때도 없이 내게 찾아와 밤마다 내 마음의 문을 두들겼어. 열어달라고, 제발, 받아달라고. 네 얼굴이 눈앞에서 어른거리는데도, 나는 쉽게 그 문을 열 수 없었어. 문을 등지고, 입을 틀어막고 울었어. 혹시라도 네가, 내 울음소리를 듣게 될까 봐.

 하루에도 몇 번씩, 우리의 마지막 날 밤이 떠올랐어. 얕은 빗줄기는 소금 같은 눈송이로 변해 머리에 쌓이는데도, 어둠 속에서 내 얼굴을 바라보던 네 두 눈을. 우산을 펼쳤다 접었다 하면서, 춥지 않느냐고 상냥하게 내뱉던 네 목소리를. 품 안에서 나던 따뜻하고 포근한 비누향기를. 그날의 너를 잊을 수 없어서, 나는 밤새 온몸을 웅크리고 있어야 했어. 네가 무심하게 주고 간 향수를 물끄러미 바라보다, 그리운 마음에 한 번 맡았다가, 그러다 또 왈칵 울음을 터뜨리고 말았어. 네가 보고 싶은데, 보고 싶다고 말할 수 없는. 이제는 널 잊어야만 하는. 그런 숨 막히는 시간 속에서 나의 시간은 백 년처럼 흘러갔어.

  시간이 지나면 다 괜찮아질 거라고, 모두 잊고 좋은 사람 만나자고 내가 말했지. 너에게 상처가 될 만한 말들을 내뱉었던 밤들에는, 네가 행복하길 바라면서도, 행복하지 않았으면 했어. 이기적이게도 나는, 네가 날 잊지 않았으면 했어. 언제나, 어디서나 우리가 우연히 마주치게 되었을 때, 서로의 뜨거운 품을 확인할 수 있게. 우리 앞에 다가오지 않을 거짓말 같은 미래를 상상하면서, 나는 가끔 네가 그립다가, 네가 그립지 않다가, 또 더욱더 사무치게 네가 그리웠어.

  생긋 웃던 미소가, 너도 아프면서 애써 괜찮은 척 안아주던 품이, 그러면서도 천천히 들썩이기 시작하던 네 어깨가 새벽 내 가슴을 어지럽게 돌아다녔어. 한참을 웅크려서, 예쁘게 울상이 된 네 얼굴을 바라보다가, 그렇게 몇 번이고 내 가슴을 처참하게 찢어놓다가, 나는 아주 깊은 어둠 속으로 빨려들어갔어. 그 어둠 속에서 너는 날 잊지 않겠다는 듯 빤히 바라보면서, 머리에 천천히 소금 같은 눈이 쌓이면서, 춥지 않느냐고 또 나를 안아주었어. 나를 몇 분, 몇 초마다 아린 추억으로 찢어놓더니, 이젠 또 내게 울지 말라고 위로해주었어. 그 아이러니한 새벽에 이제 나는, 네가 미운 건지, 너를 사랑하는 건지조차 모르게 되었어. 다만 그저 네가 보고 싶었을 뿐이었어. 미워도, 좋아해도, 이 마음이 어떤 건지 모르겠는데, 그냥. 난 네가 보고 싶었어.

우울한 밤이 지났는데, 날이 밝아도 이젠 네 생각이 나. 이제는 네가 준 향수를 맡아볼 수도 없을 것 같아. 바라보는 것만으로도 가슴이 미어지고, 네가 그립고, 여전히 생각나. 그래도 너에게 용기 내어 안부를 물을 수 없었어. 널 다시 마주하게 되면, 나는 다시 또 깊은 어둠 속에 빨려 들어가고 말 테니까. 너의 잔잔한 미소를 찾으려, 어둠 속에서 밤새 허우적거릴 테니까.

겁이 나. 이젠 널 잊어버릴까 두려운 게 아니라, 영영 널 잊지 못한 채로 살게 될까 봐. 몇 날 며칠씩, 어둠 속에 빠져서, 이젠 그곳에 없을 네 얼굴을 찾아 헤매기만 할까 봐. 너만 아프지 않으면, 너만 불행하지 않으면 다 괜찮을 줄 알았는데. 이젠 나도 나를 모르겠어. 사실은 나도, 네가 없으면 안 될 것 같은데. 그래도 너 없이 살아야 하니까, 그런 내 삶이 불행하게 느껴져.

이젠 나도 내가 아프지 않았으면 좋겠어. 빨리 시간이 흘러서 무뎌졌으면 좋겠어. 너의 봄날 같은 미소도, 따뜻한 품도, 포근한 비누향기도. 아련해져서 기억나지 않게. 우연히 널 다시 만나도 아무렇지 않게. 이젠 내가 너에게 흔들리지 않게. 하지만, 언젠가 다시 만나게 된다면, 너는 여전히 환하게 웃겠지. 나도 그때는, 미소 지을 수 있을까? 아니면 또다시 너를 품에 안고, 멈춰버린 계절에 떠돌게 될까?

  네가 놓고 간 향수를 쥐고 허공에 뿌려. 창문 사이로 새어든 햇빛에 반짝이며 공기 중을 떠도는 향기를 봐. 그 입자 사이로 네가 어렴풋 보여. 너는 내게 향기로 남아서는, 향기로 날 품에 안아. 네가 나에게 말하는 것만 같아.

  — *나 보고 싶지 않았어? 난 네가 보고 싶었어.*

  나는 여전히 네가 이렇게 그리운가 봐.

이별 연습

 모든 게 널 위해서였어.
 고요한 침묵 사이로 쏟아지던 눈발, 눈물이 말라 차갑게 식은 뺨, 아른거리는 눈동자. 침잠한 눈망울을 바라보면서 고백을 삼켰던 건, 너에게 헛된 희망을 품게 하고 싶지 않았기 때문이었어. 네가 뻗은 손, 그 따뜻한 온기를 차마 거절하지 못해 얼어붙은 나는 네게서 벗어나기 위해 안간힘을 썼어. 다가오지 마라고 밀어내면서도, 요동치는 마음속에 해일이 불어 닥쳤어. 제발, 나에게 이러지 마라고, 너에게 애원하고 싶었지.
 ― *어디, 밀어내 봐! 네가 날 밀어낼수록, 난 더 가까이 다가갈 거니까!*
 네가 화를 내며 말했을 때, 나는 잠시 모든 현실을 잊어 버리고 싶었어. 차라리 아무 걱정, 고민 없이 네 말대로 너랑

속 편하게 만나 볼까. 상황이 답답할 땐, 나도 너의 온기를 느끼고 싶다는 생각뿐이었어. 너는 언제나 나를 바라보며 장난스럽게 손을 내밀었고, 나는 그 손을 붙잡고 싶었지만 차마 그러지 못했어.

어쩌면 모진 말로 너에게 상처를 줄 때마다, 나는 그 고백 속에 담긴 진심을 읽어주길 바랐는지도 몰라. 네가 정말 싫다는 말 말고, 널 사랑함에도 떠나야만 한다는 진심을. 너에게서 벗어나는 일은, 나에게 살을 도려내는 것만큼 크나큰 아픔이라는 걸. 그러나 너는 그 마음을 아는지 모르는지, 그 순진한 눈으로 내게 한발, 두발 다가왔지. 나는 언제라도 널 할퀴고 도망갈 수 있는 마음이었는데 말이야.

— *좀 더 감정에 솔직해질 수 없어?*

네가 문득 그렇게 물었어.

— *정말로 나를 밀어내고 싶은 거야? 아니면… 날 사랑하긴 해?*

나는 답할 수 없었어. 네가 답답하다는 듯한 표정으로 나를 바라볼 때마다, 마음이 무너져 내렸어. 네가 가까이 다가올 때마다 숨 막힐 정도로 행복했다가, 가슴 찢어지게 아팠어. 어떻게든 끝을 미루고 싶어 하는, 절망의 끝에 매달린 사람처럼 나는 죽음을 두려워했어. 우리의 사랑이, 우리의 마음이, 우리의 뜨거운 눈빛이 죽는 것 말이야.

— *그냥 오늘만 생각해. 지금은 날 사랑하잖아?*

네가 그렇게 속삭일 때, 나는 심장이 미친 듯이 뛰었어. 오늘만 생각하자고? 만약 오늘을 내 전부로 삼아버리면, 내일의 나는 무너지고 말 텐데. 하지만 네 앞에서 나는 바보가 되고 싶었어. 이성 따위 내려놓고, 단 한 번만 너와 함께하고 싶었어.

생명이 꺼져가는 사랑은, 죽음을 눈앞에 두자 더욱더 처절해졌어. 어떤 밤은, 그냥 다 내려놓고 널 마음껏 사랑할까 싶기도 했어. 긴 밤 그리움이 쏟아지는 네 두 눈을 바라보면서 너를 뜨겁게 안아주고 싶고, 입 맞춰주고 싶었어. 도망가자는 농담에 손을 잡고 도망치고 싶었어. 어쩌면 너도 그러길 바랐는지도 몰라. 아니, 어쩌면 내 마음도 그랬는지도 몰라. 하지만 그러면 안 된다는 걸 알아.

— 네가 내일 당장 죽는대도 상관 없다니까? 그게 뭐? 네가 아픈 게 뭐? 그게 우리가 사랑하지 않을 이유가 돼?

나는 끝을 아는데, 우리가 결국 헤어지게 될 거란 걸 아는데. 너는 아무것도 모르겠다는 눈빛으로 나를 바라보고 있잖아. 우리가 나중에 받을 상처 따위, 내일의 우리에게 계속 미루기만 했잖아. 오늘이 너무 좋으니까, 그냥 보고 싶으니까.

나는 너무 불안해. 결말은 결국, 우리가 사랑으로 일궈온 모든 게 다 무너지게 될 테니까. 더 큰 상처를 안고, 붙잡고 있던 손을 뿌리치게 될 테니까. 내가 너를 있는 힘껏 밀어내며, 제발 다가오지 마라고 소리치게 될 테니까. 부풀어가고 있던 감정의 해일이 모든 것들을 집어삼키게 될 테니까. 우리의 사랑은 그 파랑에, 속절없이 부서지고 무너지게 될 테니까. 난 그러고 싶지 않은데, 그렇게 될 게 뻔히 보이니까….

그저 나는 미래에 네가 아프지 않을 이별을 택했으면 좋겠어.

조금씩, 조금씩 상처받으면서 천천히 무뎌져 가는 법을 익혀야만 해. 그래, 이건 이별 연습이야. 한 번만, 또 한 번만 그런 유연함은 없어. 우리에게 '한 번 만'이라는 연습은, 그저 마음을 더 깊게 만들 뿐이야. 내 욕심으로 널 상처 입히고 싶지 않아. '한 번만'이 부풀린 감정을, 단 한 번에 부술 자신이 없어. 난 그냥, 네가 아프지 않았으면 좋겠어….

나는 속상해 하는 네 얼굴을 한참 쳐다보았다.
― *제발… 응?*
금방이라도 울음을 터뜨릴 것 같은 그, 표정.
나는 결국 참지 못하고 너를 끌어 안으며 말했다.
― *나 사실, 죽는 게 너무 무서워.*
내 눈가에서 눈물이 또르륵 흘러내렸다. 눈물이 네 어깨를 적시고, 너의 어깨가 들썩이는 게 느껴졌다.
― *그럼, 내가 눈을 감는 순간까지… 내 옆에 있어줘, 응?*
사실 아무에게도 털어놓지 못했던, 내 깊은 속마음의 진심을 털어놓고 말았다.

몸살

1.

밤새 몸살을 앓았어요. 선잠에 들었다가 이른 새벽에 눈을 떴어요. 눈가로 주르륵 눈물이 흘러내렸어요. 마음에는 조금 더 농도 짙은, 끈적한 물이 흘러내려요. 마치 꽁꽁 얼어붙었다가 녹기 시작한 차가운 물체처럼요. 마음 표면이 물기로 축축해요. 당신이 없는 새벽 내내 나는 울었어요.

2.

눈보라가 휘몰아치는 겨울 같은 날들이었어요. 그 겨울에 오롯이 홀로 서 있는 시간이란, 낭떠러지에 고독하게 내버려진 기분이었어요. 온몸이 꽁꽁 얼어붙어서는, 누군가 손가락으로 살짝만 건드려도 벼랑으로 떨어질 것만 같았죠. 그런 아슬아슬한 시간이 흘렀어요. 감정도, 눈물도, 기쁨도 얼어붙어 버린 시간들. 사람들은 내게 무슨 일이 있었느냐고 물었어요. 안 본 사이에 너무 많이 말라버렸다고요. 나도 내가 왜 그러는지 이유를 알 수 없어서 변명 같은 거짓말도 하지 못했어요. 그러게요, 왜 이럴까요. 그런 날은 또 애써 하루 종일 웃었어요.

3.

 이유 없이 몸살을 앓았던 새벽엔, 얼려 있던 마음이 눈물에 녹아 흘러내렸어요. 눈보라가 이는 계절, 눈의 결정이 마음에 내려앉아 서서히 녹아내렸죠. 마치 마음이 눈의 결정을 빨아들인 것처럼, 물기로 촉촉해진 마음이 뜨겁게 요동치기 시작했어요. 아마도 당신이 무척 보고 싶었던 모양이에요. 차갑게 얼려놓았다고 생각했던 마음이 다시 뜨거워지려는 걸 보니 말이에요.

 몸을 동그랗게 말고 무릎을 껴안았어요. 종아리부터 등줄기까지 서늘한 고통이 밀려들었어요. 바늘로 찌르는 것처럼 기분이 나빴다가, 흠씬 두들겨 맞은 것처럼 온몸이 욱신거리기도 했어요. 품 안에서 밀려 나오는 뜨거운 훈기가 정신을 더 흐릿하게 만들었어요. 당신은 나를 한 번도 그리워하지 않았을 거라고, 날 사랑하지 않을 거라고, 수없이 되뇌며 얼려왔던 마음이 서서히 무너지기 시작했어요. 흐르고, 넘쳐서 눈물이 되었어요. 이젠 나도 어쩌지 못하겠는 거예요. 애써 막아왔던 것들이 버티지 못하고 터지기 시작했으니까요.

4.

아마도 당신이 왔다 갔는지도 모르겠어요. 눈앞에 보이지 않는 당신의 손길이 어딘가 내 마음을 주물러 주고 갔나 봐요. 언젠가 상냥한 목소리로 내 이름을 불러주고, 뜨거운 가슴으로 안아주던, 머리칼을 쓸어내리며 내쉬던 숨소리까지. 두꺼운 책의 낱장을 한 장, 한 장 넘기는 것처럼, 당신은 새벽 내 생생한 모습으로 살아 있었죠. *아프지 않느냐고, 무척이나 보고 싶다고.* 두 눈을 마주치고서는 뜨겁게 입을 맞추었죠. 어쩌면 당신도 나처럼 나를 그리워했을 거라고, 수많은 하루를 죽여 가며 고통 속에 그리움을 묻어왔을 거라고, 우리는 알 수 없는 각자의 공간에서 애타게 서로를 찾고 있던 거라고. 애써 부정해왔던 수많은 감정과 기억들이 머릿속을 어지럽게 떠돌았어요. 사실 나는, 누구보다도 당신을 사랑하고 있었고, 당신이 아직도 나를 사랑하고 있다는 오만한 착각을 믿고 싶었던 거라고요.

5.

눈앞에 존재했다면 얼마나 좋았을까요. 그 뜨거운 눈빛과 마음과 얼굴을 마주했다면, 이런 몸살도 금세 지나갔겠죠. 어느 행성과 부딪혀 산산조각이 난 별빛들이 윤슬처럼 하늘 위를 수놓은 밤, 그 반짝이는 빛에 당신의 눈물을 떠올려요. 우리, 이 좋은 마음, 오랫동안 간직해요. 언젠가 희미해지고 말 진심 어린 고백을 받아들이는 척하며, *그래, 그래요, 우리,* 했던 밤. 시간이 흐를수록 그 유약한 진심이 변질될 거라는 걸 알았기에, 나는 더욱더 처절하게 날 사랑하던 지난날의 당신을 부인해 왔는지도 몰라요. 이 감정이 오랫동안 간직될 수 없을 거라고, 이미 당신은 나를 잊었을 거라고, 그러니 나도 금세 잊을 수 있다고….

  그 서글픈 고통 속에서 숨 쉬고 살아가는 게 무척이나 아파서, 나는 또다시 내 온 마음을 겨울로 밀어 넣겠죠. 아무것도 느끼지 못하는 사람처럼, 기억을 잃어버린 사람처럼, 사랑을 모르는 사람처럼. *"그래, 그래요, 우리."* 했던 어느 밤처럼.

새롭게 다시 태어나

 어둠이 내린 새벽, 고즈넉한 산세에 쓸려가는 나뭇가지들의 비명. 간약한 소나무 줄기에 다닥다닥 붙은 솔잎 덩어리들이, 서로의 가시에 몸을 스치며 우는 밤. 눈 속에 파묻혀 있으면 슬픔도 무뎌질까 해서 막연한 마음으로 창밖을 바라보았다. 어스름한 달빛에 스산한 흰 빛이 바다처럼 펼쳐져 있었다. 비탈진 산길에서 겨울밤은 그저 어둡기만 한데, 소복이 쌓인 눈은 제 힘으로 발악하듯 고고한 흰 빛을 뿜어 냈다. 두터운 양말 속 시린 발끝을 움직이며, 그 차분한 참담함을 한 번 더 삼켰다.

 눈발에 흩날리는 감정은, 어느 골동품 가게에서 발견한 스노볼처럼 요란스러우면서도 고요했다. 죽는 일은 평생에 단 한 번일 줄 알았는데, 턱밑까지 쫓아온 두려움은 매일 밤 내 영혼의 숨통을 죄여 왔다. 밤이면 어김없이 살인 현장의 피처럼 눈물이 난자하게 튀었다. 어느 살인범의 밤처럼 깊은 허무함과 비릿한 상상력이 온몸을 자극했다. 이루 말할 수 없는, 억눌린 욕심은 밤이면 어김없이 칼을 쥐고 일어났다. 날 죽일 것처럼 노려보았다가, 또 한 없이 죽였다가, 또 한없이 슬퍼했다. 막막한 삶에서 눈물을 감추고 살아야 하는 일은, 어둠 속에 몸을 숨기고 웅크리는 일뿐이었다.

삶에 대한 질문을 던질 때, 방향을 전혀 찾을 수 없을 때, 나는 내 마음의 눈이 멀어버렸다고 생각했다. 언젠가, 나의 혜안은 깊다고 착각했던 어린 날의 순수한 자신감은 죽었다. 죽음 앞에 고개 숙여 눈물을 떨궈낸 들, 그때의 뜨거운 열정은 되살아나지 않았다. 집착에 가까운 광기로 눈물을 노래하다, 깊은 수렁에 빠지고 말았다. 게으름에 변명을 붙일 기력도 없었다.

그때 나타난 당신은, 이미 죽은 내 영혼을 말없이 껴안아 주었다. 어떤 말도, 어떤 위로도 건네지 않고서. 그저 당신의 은근한 온기와 목덜미에서 맡아지는 향기와 머리를 포근히 감싸는 다정한 손길만이 공허한 공간을 가득 메웠다. 그동안 잘 살아왔다고, 고생했다고, 이제는 좀 쉬라고. 당신의 품이 내게 그렇게 말하고 있는 듯했다. 그 무언의 포옹이, 다 죽어간 영혼 곁에 새로운 영혼을 불어넣었다. 이미 죽어버린 지난날의 영혼과 상처와 감정들은 어떻게 해도 되살릴 수 없는 것이었다. 당신이 만들어낸 새로운 감각만이, 예전과는 다른 삶을 살아갈 수 있는 동력을 만들어 주었다.

그렇게 다시 새로운 삶에 눈을 뜨게 되었을 때, 이전에는 느낄 수 없던 힘을 갖게 되었다. 비슷하지만 조금 달라진 가치관으로, 어쩌면 속박에서 벗어나 조금 더 가뿐해지고 자유로워진 영혼으로, 나는 나름대로 흡족한 다른 생을 살 준비가 되어 있었다. 세상의 녹이 묻은 깡통을 벗어버리고, 매끈해진 몸으로 차가운 겨울을 유영했다. 흩날리는 함박눈에 몸을 씻고 차가운 겨울바람에 몸을 말리면서도, 나는 거기서 극한의 추위조차 느끼지 못했다. 답답함은 조금 이른 조급함이 되었고 나는 하루빨리 새로운 생을 살아가고만 싶었다.

조금 더 여유를 가지라고, 앞서 가지 말라고 그리고 더는 아프지 말라고. 당신은 또 말없이, 어른거리는 눈빛으로 나를 바라보았다. 내가 아이처럼 세상에 맞서다 주눅이 들까 봐, 또 한 번 잔인하게 스스로를 죽이게 될까 봐, 당신은 나의 그런 명랑함을 염려했다. 나는 오만하게도, 그런 당신을 바라보며 말했다.

― *내가 죽어가면, 그때 네가 나에게 사랑한다고 한 번 더 말해주면 돼.*

모든 사랑이 유한하다고 하지만, 당신과는 어쩌면 끝이 없는 사랑을 이어나가고 싶었는지도 모른다. 이별 없는 사랑이 있을까. 이 세상에 이별 없는 사랑이 있다면, 내게 그 사랑은 당신이었으면 좋겠다고. 차가운 눈의 결정들이 뜨거운 살갗에서 천천히 녹는 밤. 그 새벽 결에 우리는 서로 마주 보며 서 있었다.

우리가 사랑했던 시간

 넘실거리는 바다 위로 금빛 윤슬이 일렁일 때, 우리는 그 노을을 하염없이 바라보고 있었다. 누구도 먼저 말을 내뱉지 않았다. 마치 말하지 않기로 약속이라도 한 듯, 입술의 벙긋거림이 금기시된 일인 양 우리는 침묵한 채 붉게 지는 태양을 바라보았다. 에메랄드 빛을 내며 차츰 식어가는 해를 바라보는 것은, 마치 우리의 사랑을 보는 것 같았다. 우리의 세상이 조금씩 식어가는 와중에도 우리는 두 손을 꼭 맞잡고 있었다. 그저 맞잡은 우리의 두 손 만이 우리 세상을 지켜낼 수 있는 유일한 방법인 듯이.

 한때 우리가 서로 사랑했던 시간은 하늘을 붉게 물들일 만큼 찬란하고 아름다웠다. 사랑에 대해 잘 모르던 날들, 운명이라는 단어를 쉽게 내지를 만큼 우리는 처음부터 뜨거웠다. 온몸과 마음을 모래밭에 뒤섞고 엉키고 나서야, 우리의 살갗이 붉게 달아오른 것을 보았다. 우리의 사랑이, 우리의 몸과 마음을 화끈거릴 정도로 익혀버린 것이었다. 잠시 바닷물에 몸을 식히면서, 따끔거리는 피부 껍질을 불리면서, 우리는 그렇게 우리의 사랑에 무뎌해져 갔다. 붉어진 얼굴에 흰 이를 드러내면서 세상 좋은 웃음을 띄었다. 그 세상에서의 우리는 참으로 어여뻤다.

시간이 흘러, 그날의 우리를 추억할수록 감정이 더 짙어졌다. 서로에게 바라는 욕심은 진득해졌다. 그러나 사랑에 그을린 살갗은 도무지 익숙해지지 않았다. 무뎌해졌다는, 익숙해졌다는 말이 되레 각자에게 상처를 입혔다. 예전에는 분명 뽀얗고 깨끗하던 당신의 마음이, 어느 순간 더 알 수 없는 마음이 되었다. 예전의 그 마음이 진심이었는지, 아니면 지금 본성을 드러내는 것인지, 시간이 흐를수록 알 수 없게 되었다.

우리는 서로의 잘잘못을 따졌다. *원래 넌 이렇지 않았잖아, 그러길래 왜 해변에 와서, 왜 햇볕을 쬐여서, 왜 바다에 들어가서, 애초에 왜 우리가 사랑을 해서…*. 우리는 그렇게 지난날의 아름다웠던 우리의 모습을 차츰 잃어가기 시작했다.

서로에게 한참 상처를 입힌 후에야, 노을이 지는 바다를 바라보았다. 그 바다를 바라보는 우리의 마음은 전에 없던 처참함과 상처, 그리고 차가운 눈물로 젖어 있었다. 상처를 준 일에 대해 후회한 들, 이제 더는 돌이킬 수 없었다. 상처는 더 큰 상처를 낳았고, 지난 사랑은 오해로 물들어 갔다. 진심은 착각이 되었고, 착각은 결국 더 깊은 우울의 동굴 속으로 영혼을 밀어 넣었다.

예전의 우리를 지키기 위해서는, 우리는 이제 우리가 사랑했던 시간을 추억하지 않아야 했다. 넌 너대로, 난 나대로, 우리가 이렇게 새까맣게 변해버린 채로 이별을 고해야만 했다. 꼭 맞잡은 두 손의 온기가 모래밭에 파묻혀 있었음에도. 그러나 땅에 옮겨 붙은 온기는 해가지면 금세 식을 것이었다.

― 우리, 아쉬워하지 말자, 그래도 사랑하는 동안 행복했잖아.

결국 말을 하지 않겠다는 금기를 깨고 누군가 목소리를 내기 시작할 때 즈음, 우리는 천천히 몸을 일으킬 테다. 말없이 일어나 무릎과 엉덩이를 털고, 조금 눈물 맺힌 눈을 마주하고서는 등을 질 테다. 그리고 각자의 시간에서, 또 우리가 사랑했던 시간을 추억하며 눈물을 쏟아낼 것이었다.

그러나, 그럼에도 우리가 사랑했던 시간을 기억하지 않기로 한다. 그 세상에서의 우리는 무척 행복했으니까. 세상이 무너져도, 파도가 온몸을 뒤엎어도, 햇살이 따가워도 행복했던 그 세상에서의 우리를. 흰 이를 드러내며 불행도 다 껴안을 수 있던 그 뜨거운 사랑을 그저 덮어두기로 한다. 그렇게 우리의 사랑했던 시간을 지켜내자고. 깰 수밖에 없는 약속을 다시금 되뇌며, 해가 저문 짙은 새벽을 턱밑까지 끌어올리며 또 밤새 울고 말겠지만.

don't hold back on me
내 앞에서 망설이지 않아도 돼

 나는 내 두 눈빛이 흔들리고 있는 줄도 모르고, 부끄럼 없이 네 눈을 바라보았어. 그게 내 혼란스러운 감정을 다 꺼내 보이는 일인 줄도 모르고. 너는 내 마음이 이끌리는 대로 살아도 된다고 말했지만, 그러기에 나는 아직 관계라는 넓은 우주를 제대로 헤엄쳐보지도 못했어. 착한 아이처럼 어른들이 그러쥐어준, 세상에 통용되는 모범답안만 물끄러미 바라보았지. 널 사랑하는 일을 부끄러운 일이라고 생각했어. 떳떳하지도 못했고, 당당할 수도 없었으니까. 행성의 뒤편에 가려져 제 몸집을 숨긴 채 살아가는 사랑 같았어. 널 사랑하는 일은 그런 거였어.

 귓가에 아스라이 부서지는 파도소리와 아련하게 떠오른 얕은 별빛이, 나의 부끄러운 마음을 모른 체 해주겠다는 듯 천천히 스러졌어. 얼굴이 붉어진 건, 조금 쌀쌀해진 바람결 때문이었지. 네가 조금씩 내 손끝을 닿을 듯 말 듯 스쳐갈 때마다 나는 어떻게 해야 할 줄 몰랐어. 모든 세상의 눈을 가리고, 조각난 별빛마저 눈을 감아주는 새벽에, 나도 모르는 척 네 입술을 훔치고 싶었어. 어차피 아무도 모를 테니까. 아침이 밝으면, 우리는 또 언제 그랬냐는 듯 머쓱한 기분을 감출 테니까.

— *이제 다시는 널 볼 수 없을 것 같아.*

세상의 답안대로 나는 결국 너에게 상처 주는 말을 했어. 우리는 잠시 침묵을 지켰지. 그 잠깐이 나에게는 일 년이 흐른 것처럼 길게 느껴졌어. 이제 그만 보자고, 너도 힘들게 될 거라고. 실은 그 말은 핑계였어. 이제 나는 더 이상 나에게 상처를 주고 싶지 않았거든.

긴 세월 누군가를 바지런히 만나 오면서, 후회 없는 사랑도 하고 가슴 찢어지게 이별도 했어. 그리고 모든 만남에는 지긋지긋한 이별이 따른다는 걸 알게 되었지. 이별은 참 무뎌지려야 무뎌질 수 없겠더라. 이제 더는 상처받고 싶지 않았어. 그래서 누군가를 사랑하기도 전에 이별을 먼저 생각했어. 이렇게 얕게 시작하는 설렘도 점차 거칠고 뜨거워지면, 나는 또 한참 널 잊지 못한 채로 가슴 아파하겠지, 이런 끝이 보일 사랑이라면 애초에 시작도 하지 말아야 한다고, 애초에 내가 널 미워하지 않아야 한다고. 널 만나기도 전에 멀어지는 연습을 했어.

언젠가 내가 결혼을 한다면, 나는 내가 정말 사랑하는 사람과는 결혼하지 않겠다고 다짐한 적이 있었어. 그럼 내 모든 걸 다 드러내 보여야 하니까. 내 사소하고 볼품없는 습관과 버릇들, 감당하기 힘든 감정 기복과 어중간한 태도들. 그런데 나는 결국은 내가 사랑하는 사람을 만나면, 나의 결점을 다 드러내 보일 지언정, 그 사람과 같이 살고 싶다는 생각을 하더라. 그 알 수 없는 감정을 사람들은 사랑이라고 하더라. 사랑. 내 모든 걸 꺼내보여도 그저 좋을 수밖에 없다는, 그 이상하고 엉성한 마음과 감정을 말이야. 예전엔 사랑을 거창하고 대단한 것으로 보았는데, 지금은 그저 도망치고 싶어. 나의 결점들을 보고 네가 실망하게 될까 봐, 날 미워하게 될까 봐, 그렇게 우리가 이별하게 될까 봐. 그래서 결국 내가 상처받게 될까 봐.

— *내 앞에서 망설이지 않아도 돼.*

긴 침묵을 깨고 비로소 네가 말을 하게 되었을 때, 도망치려던 내 마음이 잠시 주춤거렸다. 글쎄, 난 널 사랑하고 싶은 걸까, 내가 상처받고 싶지 않은 걸까. 잠시 그런, 지금 당장에 결론도 내릴 수 없는 질문을 떠올려보고는, 애써 고개를 저었어.

이제 나는 그런 거짓말 믿지 않기로 했거든.

망설이지 말라는, 마음이 이끄는 대로 사랑하라는, 상처 주지 않겠다는, 그런 말도 안 되는 거짓말들 말이야.

그날의 우리

 우리에게는 서로 아름다운 꿈이 있었다. 어쩌면 남들이 보기에는 거창하고, 뻔하고, 대단해 보이는 것들이었다.
 ― 너네가 그걸 할 수 있어? 둘이서?
 누군가들은 동그란 눈을 꿈뻑이며 우리를 빤히 쳐다보기도 했다. 그 날선 걱정들은, 진심보다는 가십에 가까워 더욱더 우리의 꿈을 감추게 만들었다. 분명 꿈은 자꾸만 말해야 이루어지는 것이랬는데, 그 말은 마치 꿈을 달성하기로 약속된 사람에게나 속하는 말 같았다.
 꿈을 반드시 이루겠다고 말한 적 없었다. 단지, 아주 먼 훗날의 내 모습이 그런 멋진 모습이면 어떨까, 생각해본 것일 뿐이었다. 내 인생에 누구보다도 진심이었으니까, 신중해질 수 밖에 없었다. 내 인생이었기에 망치고 싶지 않았던 것이다. 그러나 세상 사람들은 너무도 당연하게 우리의 삶에 침범하려 들었다. 끝까지 책임지지도 않을 거면서, 가타부타 실언들만 늘어놓았다. 조언이라는 참견이 숨을 조여왔다.

어쩌면 우리는 그런 세상의 편협한 시각과 불편한 참견 때문에 더욱 더 단단해졌는지도 모른다. 우리는 잠시 서로의 마음을 들여다보며 이룰 수 없는 꿈을 이야기했다.

― *나중에 말야. 아주 먼 십 년, 이십 년이 지났을 때 말야. 그때의 우리는 어떤 모습일까?*

우리는 현실의 벽 앞에 굴복하면서도 끝까지 꿈에 대한 이야기를 나누었다. 꽤 오랜 시일동안. 그 사이 우리 관계는 시들해지기도 했다가, 포기하기도 했다가, 다시 아련해지기도 했다. 그렇게 우리는 주변의 참견에 민감하게 반응했고, 끊임없이 흔들렸다.

결국 우리는 방향을 잃고 헤매기 시작했고, 목적지를 잃어버리자 우리의 여행은 제자리에 멈춰버렸다. 우리의 애정이란 이름의 곳간은, 금세 바닥을 드러내고 말았다. 다퉈도 바로 화해하던 우리가, 이젠 시간이 흐를수록 더 자주, 더 크게 다투고 화해도 미뤘다. 막막한 마음에 타인에게 조언을 구하면 구할수록, 서로에 대한 오해와 감정의 골만 더 깊어졌다. 그래도 어떻게든 무너지지 않으려고, 부서지지 않으려고, 사라지지 않으려고 아등바등 살아가던 날들이었다.

그때는 전우애 같은 마음이라고 생각했는데, 꿈을 품던 순간을 돌이켜보니 우리는 누구보다도 서로를 간절하게 끌어안고, 손을 놓지 않으리라 믿고 있었다.

그때의 우리 마음을 단지 '사랑'이었노라고 포장하고 싶지 않다. 단지, 그 시절로 돌아갈 수 없다는 안타까움과 아쉬움 때문에, 극단의 감정을 묘사할만한 것, 떠올릴만한 것이 그저 사랑이라는 감정이기 때문에, 또는 우리가 '사랑'을 몰랐기 때문에, 그 마음을 그저 '사랑'이라 부르고 싶지 않다. 사랑은 어쩐지, 끝이 보이는 찰나의 순간 같으니까. 언젠가 소진해서 없어져버릴 듯한, 불씨 같은 사랑은 아니었으니까. 그보다는 조금 더 어리숙하고 애절한, 젊은 날의 뜨거운 아픔이 상존하고 있었다.

현실 앞에 놓인 우리의 사랑과 믿음이 손가락 사이로 새어 나가는 와중에도, 우리는 꿈이라는 숨통이 끊어질 때까지 서로를 응원했다. 사랑보다 더 깊은, 어쩌면 연민과 공감과 동병상련과도 같은, 우리는 우리의 결말을 너무나도 잘 알고 있었기에 끝없이 마음을 주고받을 수 있는 건 아닐까? 일말의 시샘도, 욕심도 없이, 아주 순수하고 깨끗한 응원과 위로로 서로의 마음을 어루만져줄 수 있는 마음. 그 옛날의 우리에게는 그런 마음이 있었다. 세상의 때가 묻어 닦이지 않는 지금의 마음과는 다른. 그 시절의 마음은, 되돌아갈 수 없는 아득한 마음일 뿐이라고.

장난

 순탄치만은 않았지. 세상의 어떤 언어로도 설명할 길이 없는 감정을, 어떻게든 네 앞에 표현해야 한다는 게. 오래 전부터 길을 잃어버린 난파선처럼, 옆구리 한쪽이 구멍 난 채 널 바라보기만 했어. 난 단지 널 사랑하고 싶었을 뿐이야.

 난 아직도 온전히 널 사랑하는 방법을 몰라. 넌 있는 그대로 널 바라봐주길 바랐지만, 이미 나에게 너는 매우 벅찬 존재였어. 널 품는 일은, 구멍 난 선박을 메워야 하는 일만큼 막막하고 암담했어. 난 그저 구멍나 초라한 낡은 배 한 척에 불과했으니까.

 마음을 터놓고 이야기할 수 있으면 얼마나 좋을까? 너는 내가 바라보는 시선이 부담스럽다고 했어. 생각보다 너 자신이 그토록 멋진 사람은 아니라고 대답하면서 말이야. 남들 시선 따위 중요하지 않아. 내가 널 얼마나 좋아하고 사랑하는지, 널 얼마나 존경하고 어여뻐하는지만 알면 된 거야.

  네 앞에서 사랑에 대해 말하는 게 우습게 들릴지도 몰라. 그렇지만 우정이라는 말로 얼버무리기엔, 너와 나의 경계가 필요 이상으로 좁혀져 버린 건 사실이야. 부정하려고 하지 마. 어중간한 태도로 일관했던 너도, 나에게 조금은 흔들렸던 거잖아. 아니야, 그래. 내 마음이 그렇다는 말이야.

  네가 날 이성으로 보지 않는대도, 그게 설령 사랑이 아니라 착각이라고 말할지라도, 난 다 좋아. 다만, 나에게 네 연인에 대한 이야기는 하지 않았음 좋겠어. 난 네가 어떤 미운 짓을 해도 다 용서할 수 있는데, 가끔은 네 옆에 끈질기게 붙어있는 그 사람의 이야기를 들을 때마다 나는 점점 더 작아져 가. 네 옆에 나는 뭘까, 단지 친구인 걸까? 그런 생각들은 언젠가 잊고 있던 우리 사이의 벽을 더 극명하게 나누어 놓았어. 괴로울 정도로 네가 원망스럽고, 가슴이 시리도록 그 사람에게 질투가 났어.

  그러지 마라고, 널 사랑하지 마라고 말하지 마. 내가 널 사랑하는 건, 오직 나만이 영유할 수 있는 권리야. 내 자유까지 너에게 귀속되고 싶지 않아. 내 영혼과 마음이 온종일 너에게 메여 있는데 널 좋아하는 마음마저 차단당하면, 내 인생에서 마음대로 사랑할 수 있는 게 하나도 없잖아.

  하지만 나의 진심을 가지고, 쥐고 흔들지 않았으면 좋겠어. 애매한 태도로 내게 적선하듯 하지 마. 네가 날 진심으로 사랑해주고, 네 곁에 연인으로 남아있길 바랐던 마음은 맞지만, 네게 사랑을 구걸하고 싶지 않아. 그건 사랑도 우정도 아니야. 아주 비루한 동정일 뿐이지.

나에게 그런 마음을 비출 거면, 확실하게 말해줬으면 좋겠어. 친구라는 애매한 말로 날 메어두려고 하지 마. 난 이제 너와 친구 하기 싫으니까. 나에게 사랑 이상의 감정이 느껴지지 않는다면, 넌 그저 네 연인에게 최선을 다해 사랑을 주면 돼. 나 홀로 외롭게 널 사랑하더라도 그러는 편이 차라리 낫겠어. 애매하게 내 마음을 재고 흔들지 마. 나한테 넘어올 거 아니면.

난 스치듯 뱉은 네 말 하나에, 하루에도 수십 번씩 행복과 불행을 오고 가. 훗날 부풀려진 동정으로 내게 해일 같은 불행을 안겨주려는 게 너의 목적이라면, 반쯤은 성공했어. 하지만 내가 행복하길 바란다면, 이제 애매한 감정은 그만둬. 이러다 내가 널 친구로서 좋아했던 마음마저 떠내려가 버릴까 두려우니까.

타이밍

 어떤 한 사람을 사랑하는 데에는 허락을 구해야만 하는 사사로운 예의 따위는 없었다. 오래 전, 처음 우리가 대화를 나누게 되었을 때도, 시작은 그리 어렵지 않았다. 어쩌면 내가 먼저, 어쩌면 네가 먼저 시작했을 대화는 예상했던 것보다 훨씬 더 오래 이어졌다. 끊어질 듯, 끊어지지 않는 대화는 점점 인연의 끈으로 이어졌다. 우리는 그걸 처음엔 우정이라고 생각했는데, 지금 돌이켜보니 너의 말대로 사랑이 아니었나 싶다.

 사랑은 늘 타이밍이라고 했다. 타인의 말을 곧이곧대로 믿고 싶지는 않았지만, 나의 비뚠 성미와는 다르게 그 '타이밍'이라는 단어는 서글프게도 우리의 상황에 딱 들어맞았다. 사랑이 사랑인 줄 모르고, 우리는 그저 친근하다는 이유로 긴 우정의 끈을 이어왔다. 누군가는 우리의 우정을 시기하기도 했다. 우리가 우정이 아니라 사랑이었다는 걸 알아차리게 되었을 때 즈음엔, 우리 사이에는 사랑도 우정도 아닌 감정이 맴돌고 있었다. 우리의 사랑도 맞고, 주변의 시기도 사랑이 맞았다. 그러나 우리는 우리의 첫 대화를 우정으로 시작했었듯, 끝도 결국 우정으로 맺어야만 했다. 그것만이 우리가 순수하게 친구로서 사랑했던 지난날들은 온전한 사랑으로 지켜낼 수 있는 방법이었다.

그러나 우리의 인연이 더 단단해지고 굵어질 때마다 나는 자꾸만 우리 사이를 착각하게 되었다. 내가 너의 일상의 어디까지 침범해도 되는지를 전혀 알 수 없었다. 그건 아주 비참한 참견 같은 것이었다. 네가 남 모르게 쓴 연애 감정 글을 찾아 읽을 때면, 나는 이상하게 그게 내 이야기가 아닌가 착각하게 되곤 했다. 너의 새로운 연인에 대한 이야기일 수도, 혹은 네가 사랑에 빠진 다른 사람의 이야기일 수도 있었는데 말이다. 내 마음이 어떤 줄도 모르고, 그걸 알아볼 용기조차 만들지도 않은 채, 나는 더 깊이 우리의 관계를 오해하기 시작했다.

너를 만나고 돌아온 저녁, 나는 네가 남긴 메시지를 물끄러미 바라만 보았다.

〈나 아무래도 널 좋아하는 것 같아.〉

짙은 밤, 우리가 우리의 진심을 알아버린 이상, 나는 더 이상 널 친구로도 만날 수 없었다. 그게 설령 아주 고리타분하고, 고지식한 사랑방식이라고 할지라도.

 우리가 처음 만났을 때를 떠올려 본다, 스스럼없이 서로를 대하던 그때를. 우정이라는 이름으로 둔갑한, 사랑이라는 조각들을. 나는 지금이라도 너에게 예의를 차리고 싶다. 나에게는 네 인생을 침범할 권리, 네 사랑을 참견할 권리, 널 있는 그대로 좋아할 권리가 없다. 너는 네 방식대로 누군가를 사랑하면 되고, 나는 내 방식대로 내가 상처받지 않게 지키면 되는 일이었다.

 우정으로 시작해, 우정으로 끝나는 사랑에는 아주 복잡한 이론 같은 건 없었다. 우리는 정말 단순하게도, 각자의 삶에서 각자의 인생을 열심히 살아내면 되었다. 우리가 따뜻하게 응원했던 지난날들은 천천히 덮어둔 채로. 새하얗게 빛나던 추억들이 검게 타들어 잿가루가 되었을 때, 그 검은빛이 옅어지고 흩어지게 되었을 때, 나도 그때야 비로소 널 잊을 수 있겠다.

가녀린 끝자락 사랑

얼마나 더 사랑할 수 있을까?
얼마나 더 기다릴 수 있을까?
얼마나 더 버틸 수 있을까?

 난 다만 내게 아주 작은 힘이라도 있길 바랐어. 내가 널 더 사랑할 수 있는 힘, 기다릴 수 있는 힘, 버틸 수 있는 힘. 내 눈앞에서 점점 멀어져 가는 널 보면서 작은 목소리로 사랑을 말할 수 밖에 없다는 사실은 참으로 비참했어. 결국 네가 내 곁을 떠날 걸 알면서도, 내 눈앞에서 점점 더 길어지는 네 그림자를 그저 바라만 봐야 한다는 사실에도, 아무것도 할 수 없는 내 처지가 비참했어. 널 사랑한다고 말해도, 기다린다고 말해도, 버틸 수 있다고 말해도, 너는 끝까지 들은 체도 하지 않을 테니까.

언젠가 네가 그랬지.

— *너 나 싫어하지?*

하지만 난 단 한 번도 네가 싫었던 적 없었어. 아주 작은 시기와 서운함과 미움이 잔존해 있었지만, 그래도 사랑하는 마음이 더 컸어. 그 어떤 미운 감정으로도 널 대체할 수 없었어. 널 다른 사람으로 대신하고 싶지도 않았고, 무엇보다 내 마음이 그렇지 못했어.

그러나 어느새 식기 시작한 내 마음은, 빠르게 차가워졌어. 내 마음의 색깔은 비에 맞은 장작처럼 새까맸어. 아주 차게 식어버린 장작에는 더 이상 불꽃이 일어날 것 같지 않았지. 이런 내 마음이 다시 타오를 수 있을까? 그래, 이 축축한 감정이 마르면 다시 서서히 뜨거워질지도 몰라. 네가 웃는다면, 네가 다시 나에게 한 발짝 다가와 준다면, 평생 떠나지 않겠다고 약속만 해 준다면 나는 언제든 예전으로 다시 돌아갈 수 있을 것만 같아.

얼마나 많은 시간이 흘러야 네가 돌아올까? 넌 이별을 연습하지 않았다고 고개를 저었지만, 나는 이미 어렴풋이 너의 마음을 느끼고 있었어. 넌 상처받지 않게 이별하고 싶었던 거지.

그래서 나도 언젠가 이별을 생각해본 적이 있었어. 네가 없이 사는 삶은 어떤 걸까? 널 만나기 전으로 되돌아가는 일일까. 널 만나기 전의 나는 어땠을까. 글쎄, 다 까먹어버렸던지, 잃어버렸던지, 지워져 버렸던지 전혀 기억이 나지 않아.

그래서 되돌아가는 법을 잊어버렸어. 너 없이 잘 사는 법을 모르게 되었어.

엄망진창이 되어가는 내 인생을 책임져달란 말 하지 않을게. 그냥, 지금처럼 이렇게 곁에 있어만 주면 안 될까? 사랑한다는 말이 혀 밑에 머뭇거려도, 이제 더는 날 사랑하지 않는대도, 조금 식어버린 마음이래도, 그게 정 같은 것이라도, 내 옆에 있어주면 좋겠다. 그럼 나 정말 노력해볼 거거든. 네가 다시 날 좋아할 수 있을 때까지, 사랑할 수 있을 때까지. 나에게 아주 작은, 한 톨만큼의 힘만 있다면 말이야. 그럼 나는 널 더 사랑할 수 있고, 더 기다릴 수 있고, 힘듦을 더 버텨낼 수 있을지도 몰라.

내 사랑은 조금씩 소진되어 가. 얼마나 더 차갑게 식을지 모르겠어. 그래서 두려워. 어느 날, 어느 순간에, 네 그림자마저 놓치게 될까 봐. 버티지 못하고 네 손을 놓게 될까 봐. 네가 보고 싶지 않을까 봐. 더 이상 널 사랑하지 않게 될까 봐.

그럼 그때, 네가 날 다시 붙잡아 줄래?

그럼 나 정말 열심히, 다시 널 사랑해보도록 노력할게.

바다와 숲

한 줌씩 쥐어놓은 마음들이 모래처럼 스르륵 빠져나갈 때, 그 기분이란 입밖에 내뱉을 수 없을 만큼 참혹한 기분이었다. 아주 꽉 붙잡고 있었던 탓일까? 소중한 것들은 오히려 너무나도 쉽게 부서지고 말았다.

반짝이는 윤슬과는 반대로 내 기분은 깊은 심연의 밑바닥 위에 앉아 잠수하는 기분이었다. 오래도록 고여있는, 녹조가 일렁이는 강가에서 나는 아주 작은 돌멩이를 집어던졌다. 고요하기만 했던 물가는 이내 아주 큰 파동을 일으켰다. 그러나 그 파동마저도 얕게 사그라들었다. 마치, 심연에서 숨을 참고 물 위를 올려다보는 듯한, 지금의 내 기분처럼.

고요한 숲 속에는 새 지저귀는 소리와 출랑거리는 물소리 그리고 아주 얕은 산새의 바람이 있었다. 기분 좋은 햇살 아래에서 가슴은 오히려 더 낮은 곳으로 빨려 내려갔다. 이곳에 오기 전에는 작은 진주알같이 연약한 마음들이 이리저리 흩어져버릴 것만 같았는데, 이상하게도 나는 아무런 생각도 들지 않았다. 오히려 편안한 마음으로 숲을 거닐었다.

당신과 이별하던 날의 바다가 떠오른다. 그날의 바다는 모든 정신을 혼미하게 만들었다. 그때의 바다도 오늘처럼 윤슬이 찬란하게 반짝이곤 했었다. 바닷가 주변으로 아이들이 소리를 지르며 뛰어다녔고, 해변의 모래는 사정없이 흩어지고 휘날렸다. 해변에는 사랑이 묻은 눈빛으로 아이들을 바라보는 어른들과 제 인생에 대해 조잘조잘 떠들어대는 청년들의 목소리들로 활기가 넘실거렸다. 그런 분위기 때문이었을까, 아니면 점점 멀어져가던 너의 뒷모습이 보였기 때문이었을까? 나의 마음은 태풍을 만난 대서양의 바다처럼 꿀렁거렸다. 뱃멀미를 하는 듯 속이 울렁거렸다.

그때의 나는 단지, 그 이의 얼굴을 떠올리지 않겠노라 다짐했을 뿐이었다. 그러나 다짐은 반복할수록 선명해지는 것이 아닌, 더욱더 불투명해졌다. '그 이를 잊어야지' 싶다가도, '왜 잊어야 하지?' 했다가도 또다시 '잊어야지'가 되었다. 바다를 바라보는 나의 건조한 눈빛엔, 그 수많은 다짐과 질문이 파도처럼 부서지는 와중에도 끊임없이 느리게 이어지고 있었다.

그날 바다에서의 생각이 강가를 타고, 이곳 숲의 작은 강물에까지 거슬러 올라왔다. 멈출 듯 멈추지 않는, 바다와 육지의 기다란 줄다리기는 끊임없이 반복되었다. 마치, 당신에 대한 고민이 끊이지 않던 그 찰나의 순간들처럼.

　아주 잔잔히 흐르는 강가를 바라보면서, 그날의 바다를 다시 떠올려본다. 다시는 당신을 떠올리지 않겠다고 다짐했건만, 나는 오늘도 당신을 그리워하고 있었다. 잊겠다고, 기필코 잊어버리겠다고 다짐했던 순간들이 이토록 허망하게 무너져 내리고 말았다.

　이제 나는 바다와 숲을 지나 아주 깊은 심연으로 영혼을 뉘었다. 다시, 아무 생각도 하지 않던, 무심한 눈길로 당신의 뒷모습을 바라보던 그때의 내 모습을 애써 꺼내 올리면서. 나의 숨은 아주 작은 공기방울들이 되어 수면 위로 바지런히 올라갔다. 그 공기방울 속에 당신에 대한 그리움이 한껏 담겨 있었다. 아주 잊어버리겠다고 생각했는데, 어쩌면 내가 숨 쉬고 있는 일생동안은, 이 작은 공기방울처럼 끊임없이 당신을 떠올리게 되지 않을까. 조금 비참하고, 많이 그리울 당신을 꺼내는 일은 오늘도 계속되었다.

사랑의 무게

 당신을 사랑한 모든 날들을 아울러 지난 나의 삶을 달아본다면, 과연 어떤 시간이 더 묵직할까? 살아온 날들의 기간을 합산하면 분명 몇십 년의 내 인생이 더 무겁게 느껴질 것이다. 하지만 복합적인 감정의 순간들은, 평범한 일상에서 느껴볼 수 없는 특별한 시간들이었다. 아직 살아보지 못한 삶도 있으니, 어찌보면 무게를 달아보는 것 자체가 무의미할지도 모른다.

 천년이 하루같이 흐른 우리의 시간은 지구와는 전혀 다른 시간 같았다. 어떤 날의 우리의 시간은 빠르게 지나가기도 했고, 어떤 날의 우리의 시간은 천년 같은 하루 속에 갇혀 있기도 했다. 일정하지 않은 야속한 시간의 흐름 속에서, 내 인생 동안 경험해보지 못한 수만 가지의 감정을 느꼈다. 단지 당신을 사랑한다는 이유 만으로.

당신을 만나면서 한 순간도 당신을 잊은 적이 없었다. 당신과의 이별연습을 감행하면서도, 나는 가끔씩 치밀어 오르는 수많은 당신의 잔상들을 어떻게 할 수 없었다. 짓눌러도, 박박 지우려 해도, 당신의 모습들은 스펀지처럼 내 시간을 빨아들였다. 그 침잠한 고독 속에 눈물을 떨구면서, 그래도 꾸역꾸역 당신을 만나지 않겠다고 혼잣말로 되뇌였다. 앞으로 다가올 숱한 시간들을 당신없이 홀로 견뎌내야만 했으므로.

— *그 사람, 현실적으로 널 많이 재고 따질 수도 있겠는데?*

주변의 수많은 눈길들은 되레 날 채근하기만 했다. 네가 붙잡고 있는 것이라고, 그 사람을 위해서는 놓아줄 줄도 알아야 한다고. 내가 단지 당신을 잊지 못할 거라는 두려움 때문에, 혹은 당신처럼 좋은 인연을 다시 만나지 못할 것 같다는 욕심 때문에 당신의 소중한 시간을 갉아먹고 있는 게 아닐까 생각한 적도 있었다. 밀려드는 죄책감은 서둘러 당신을 놓을 생각을 했다.

그러자 당신이 내 손목을 다급하게 붙잡으며 말했다.

— *다른 사람들 말, 다 무시해.*

촛불처럼 흔들리는 눈동자에는, 촛농처럼 뜨거운 눈물이 흘러 내렸다. 당신의 그 뜨겁고 간절한 손을, 나는 차마 매정하게 놓을 수 없었다. 이별을 주저한다는 것, 당신의 눈빛을 무를 수 없다는 것, 당신에게 흔들리고 있다는 것은 이미 그것만으로도 내가 당신을 사랑하고 있음을 방증하고 있었다.

사람들은 우리의 사랑이 현실 앞에 부서져버릴 것이라고

말한다. 그렇다면, 우리의 사랑은 얼마만큼의 무게를 달고, 얼만큼의 속력으로 떨어지는 중일까? 그 끝에 우리는 결국 산산조각이 나 버릴까, 아님 사뿐히 땅 위를 딛고 일어나게 될까? 사람들의 추측과 달리, 우리의 사랑이 현실이란 중력에도 아랑곳하지 않고, 제 형태를 유지할 수도 있는 것 아닐까? 극복과 재회와 사랑 속에 눈물지으면서 한층 성장해 나가는, 영화같은 그런 사랑.

 그러니 지금은 그저 웃어보려 한다. 오늘 우리의 시간에 최선을 다하자고, 잠시 복잡한 생각은 접어두자고. 다른 사람들의 말 따위 저 멀리 산등성이에 걸어두고, 잘 들리지 않는 메아리로 버려두자고. 오늘 우리는, 우리를 사랑하기에도 바쁘다. 눈물로 상처를 닦아내는 우리의 영혼에겐, 지금 이 순간이, 아주 작은 위로를 건네기에도 빠듯한 시간일 테니까.

Like the Movies

　당신과 나 사이 피어난 환희 속에 아름다운 꽃이 있었다. 하룻밤 사이에 흩어져버릴 꿈같은 환상일지라도, 그 찰나의 새벽은 길게 길게 이어졌다. 우리의 사랑은 뿌리내린 씨앗일까, 아니면 한 순간의 바람일까 의심하는 것도 사치였다. 이 공간에는 당신과 나 단 둘 뿐이라는 게, 모든 불안을 잠재웠다.

　짧지만 아득한 시간들 가운데, 침대 위에 포갠 두 손가락 사이로 애달픈 사랑이 보였다. 어쩌면 이 순간을 위해, 그토록 긴 시간 동안 감정을 아껴왔는 줄도 모른다. 귓가에서 반짝이며 부서지는, 어쩌면 삼류 멜로 영화의 흔해 빠진 사랑고백일지도 모를 달콤한 말들, 나의 온 신경은 당신에게로 향해 있었다. 금세 어겨지고 말 약속과 가볍게 꺼내놓는 얕은 진심이, 언젠가 틀어지고 말 거란 걸 알면서도 자꾸만 당신에게 기대고 싶었다. 정말 당신은 흘러간 다른 사람과는 다를지도 모른다는, 아주 특별하고 달콤한 꿈을 꿨다.

지금 이 순간만큼은 우리가 우리에게 속으면 어때? 잠이 든 당신의 얼굴을 내려다보다 가볍게 당신의 콧등을 건드려 본다. 사랑한다는 말 끝에 가슴 아픈 이별이 기다리고 있을지라도, 지금 이 순간만큼은 당신에게만 집중하고 싶다고. 달빛에 반짝이는 당신의 눈동자와 귓가에 시원하게 부서지는 파도소리, 은은한 윤슬에 올려 둔 우리의 대화들. 조금 기운 빠진 목소리로 당신이 먼저 이별의 두려움을 이야기한다면, 나도 그때야 우리의 이별을 만져볼 테다. 동이 트면, 아침 새가 지저귀면, 파도소리가 잔잔해지면. 그럼 우리는 너른 하게 펼쳐진 꽃길을 상상하며, 해변의 모래를 사각사각 밟을 것이다. 그리고 당신과 두 눈을 다주치며 목구멍에 걸린 사랑 고백을 힘겹게 삼켜낼 테지.

— *아무 말도 하지 마.*

'사랑한다'는 말이, 앞으로 나에게 족쇄가 될 걸 안다. 당신과의 좋았던 기억은 이쯤에서 마무리 짓고 싶다. 내 가슴 속, 언제고 뜨거울 환상 속에 가둬둔 채, 현실로 나와선 당신을 두 번 다시 보고 싶지 않다. 사랑. 이제 그 '사랑'이라는 말은, 그 뻔한, 삼류 멜로 영화 대사 같은 건 하지 마라고.

나는 지긋지긋한 현실까지 당신을 끌고 나와 우리의 순간들을 훼손시키고 싶지 않으니까.

이게 우리의 사랑에 대한, 나의 마지막 배려였다.

빛깔들

 모든 순간들을 아울러보면, 그 어떤 날도 찬란하지 않은 날이 없었다. 네가 여전히 꿈속에서 애타게 날 찾고 있다면, 넌 아직도 과거에 갇혀있는 건지도 모른다. 이따금 너에게 남긴 상처와 나의 아픔들이 떠오를 때면, 울상이 된 네 얼굴이 먼저 떠오르곤 했다. 도돌이표로 되돌아가 번복할 수 없는, 지난 시간 속에 살아가는 일만큼 가슴 저미는 것도 없으리라.
 우리의 모든 순간들을 손으로 꼽아보면, 단 한 번도 빛나지 않은 순간이 없었다. 너는 어느 순간, 어느 시간, 어느 날들에나 늘 순수한 미소로 날 바라보곤 했다. 그건 시간이 흘러 추억이 되어버린 시절 속에도 각인되어 있다. 넌 날 어떤 빛깔로 기억할까. 찬란하게 아름다운 빛으로 기억할까? 아니면 아주 새까만 검은빛으로 기억할까?
 어쩌면 우리는 아주 먼 우주의 빛나는 혜성처럼 기나긴 여행을 마치고 돌아왔는지도 모른다. 방황하던 우리가 만나 서로의 상처를 어루만져주고, 얼어있던 시절의 입술을 따뜻하게 녹여주고, 다시 찬란한 봄을 만나기 위해 준비하고 있던 것이라고. 너를 만나 바로 설 수 있었고, 너를 사랑하며 사랑의 순수함을 알았다. 네가 나에게 느끼는 모든 감정이 처음이었던 것처럼, 나도 너에게 느끼는 모든 감정이 처음이었다. 그래서 우리는 아주 오랜 시간이 지나도 서로를 기억할 수 있으리라.

 넌 나의 겨울에 아주 찬란한 빛이었고, 일렁이는 황금빛 태양이었고, 새하얗고 깨끗한 함박눈이었다는 걸.

 시간이 지나도 급하게 잊지 말고 은근하게, 오래오래, 그렇게 추억 속에 덮여가는 영겁의 계절이 되기를. 우리의 빛깔은 한 가지 색으로 이름 붙일 수 없는, 그런 말로 형용할 수 없는 빛이기를. 시간이 지나도 바래지 않는, 순수하고 깨끗한 그 시절의 빛깔들.

항해일지

 한 글자도 채우지 못한 편지에는, 눈에 보이지 않는 설렘이 있었다. 한자를 채워 넣기 위해서 고심한 흔적들이 번진 잉크 자국에 고스란히 담겨 있었다. *어떤 말을 써야 네가 감동할 수 있을까?* 세상에 끌어올 수 있는 언어는 많았지만, 사랑을 표현하기에는 한없이 부족했다.

 용기를 내서 문장을 채워 넣기 시작했을 때는, 파도에 밀려 부지런히 나아가는 작은 통통배가 된 기분이었다. 미끄러지듯 항해하는 그 바닷길에는 별빛처럼 일렁이는 윤슬과 조금 따가운 햇살과 하얀 돛이 있었다. 어느 미지의 섬을 찾으러 가려는 듯 혹은 보물선을 찾으려는 듯, 어떤 욕망과 어떤 설렘과 어떤 뜨거움 같은 것들이 뱃멀미처럼 울렁거렸다.

 그러다 검은 잉크를 따라 이어지던 문장이, 고민이란 방파제를 만나게 되었을 때 주춤 멈춰 섰다. 그 잠깐의 침묵은,

기나긴 항해에 찾아온 휴식이자 더 좋은 길을 찾으려는 선장의 고뇌로 어우러졌다. 어떻게 하면 너에게 사랑을 얻을 수 있을까, 미간을 찡그리며 고심하는 시간처럼.

그런 곤란한 고뇌속에서도 한결같이 편지를 이어갈 수 있었던 건, 널 사랑하는 마음으로 써 내려갔기 때문이었다. 난 오직 너의 마음을 얻고 싶었다. 어떻게 하면 더 멋들어진 문장을 쓸지, 내 감정을 더 효과적으로 표현할 수 있을지, 네가 감동의 눈물을 흘릴 수 있을지, 나는 그런 것들을 고민하며 너에게 편지를 썼다. 널 많이 좋아하니까. 네가 이 편지를 읽고 웃었으면 하니까. 그게 내 진심이었다.

편지지는 눈에 보이지 않는 바다였다. 그 고요한 바다 위에 검은 잉크로 써 내려가는 마음이란, 하얀 파도를 일으키며 널 찾아 떠나는 항해 같았다.

― *이 편지의 끝엔 무엇이 있을까? 정말 널 찾을 수 있을까, 너에게 닿을 수 있을까, 닿게 된다면 그날의 우리는 어떤 모습이 될까? 우리의 모습은, 내가 지금 그리는 미래와 같은 모습일까? 우리의 사랑이 변치 않는다면, 이 긴 항해의 끝은 어떻게 될까? 그땐 어느 한적한 섬에 터를 잡고 살아가게 될까? 조금 여유를 가지고 네 얼굴을 쓰다듬으며, 가슴 깊이 숨겨왔던 사랑을 고백하게 될까? 그럼 그때 네 얼굴은 어떨까, 네 모습은 어떨까, 네 마음은 어떨까?*

편지지 같은 바다를 헤쳐가는 동안, 나는 수없이 보이지 않는 네 마음을 수시로 들여다봤다. 너라는 목적지에 제대로 닿기 위해서.

긴 편지를 마무리하는 마침표를 찍고나서야 나는 슬그머니 펜을 내려놓았다. 몇 장의 긴 편지지를 바른 자세로 한 번 정독했다. 약간의 아쉬움과 크나큰 성취가 밀려들었다. 조금 설레는 마음으로 편지지를 크게 두 번 접었다. 네가 이 편지를 읽을 때 어떤 마음일까. 부디 내 진심이 잘 전달되었으면 좋겠다. 입가에 살짝 미소가 담겼다.

내일 아침에 눈을 뜨면, 두 번 접은 나의 바다를 너에게 전달할 수 있으리라. 이 기나긴 항해일지에서 심해에 잠긴 여러 마음들을 확인할 수 있길 바란다. 아 그냥 겉멋만 든 문장이 아니라, 실은 널 아주 많이 사랑하고 있다는 걸. 내가 숨겨놓은 심해의 마음을 발견하게 되었을 때, 네가 웃으며 나에게 답해줬으면 좋겠다.

나도 사랑해, 라고.

어떤 기억은 여름의 향긋한 설렘같고

야경

 그날의 야경이 보고 싶었다.
 언덕 위에서 내려다보던 밤의 향연. 고요한 침묵이 서린, 짙은 밤에 우린 뜨거운 입김을 마주한 채 서로를 바라보고 있었다. 네 손끝과 내 손끝에 닿을 때마다 느껴지던 그 찌릿한 감정은, 생경한 도심의 불빛을 가시처럼 돋게 만들었다. 눈물이 차올라 눈앞을 부옇게 만들면서도, 심장은 주체할 수 없을 정도로 마구 뛰었다. *한 번만 안아보자.* 네가 몸을 틀어 내 몸을 뜨겁게 안아주던 순간, 나는 두근거리는 설렘에 몸을 움직일 수 없었다.
 어여쁜 네 두 눈은 산등성이에 우두커니 선 등대처럼 얕으면서도 짙게 반짝였다. 그때 나는 어둠이 두렵지 않았다. 네 따뜻한 두 손을 잡고 네 두 눈빛을 바라보고 있으면, 이 긴 어둠 속에서도 길을 잃지 않을 것만 같았다. 언덕을 내려와 침묵이 쌓인 골목길을 걸으며, 풀린 다리에 비틀거릴 때 서로의 팔을 잡아주며, 틈틈이 서로의 눈을 바라봐주던 시간. 긴 밤이 흐르고 흘러도, 아침만은 오지 않기를 바랐다. 우리의 소망이 점점 더 간절해지는 시작점에 우리는 서 있었다.

 모든 순간이 아름다웠다. 시커멓게 출렁거리는 바다 위로, 달이 그린 그림자는 노을 진 바다의 윤슬처럼 찬란했다. 사랑에 대해 이야기하다 결국 이별로 귀결되고 말던 대화는, 그 말미에도 좋다는 감정 하나로 눈물짓곤 했다. *우리가 왜, 헤어져야 해, 나는 널 잊고 싶지 않은데, 난 아직도 네가 좋은데, 우리가 왜, 대체 왜.* 끊어지지 않는 문장의 고리들을 가슴에 담아두며 혼자만의 긴 끝말잇기를 밤새 하면서도, 우리는 서로에게 제대로 마음을 전달하지 못했다. 그 고백이 서로를 더 힘들게 할까 봐 두려웠던 걸까?

 우리는 말하지 않아도 서로의 두 눈에 담긴 등대를 알아보았다. 우리는 여전히 해바라기처럼 서로를 바라보고 있었다. 당신이 없으면 살아갈 수 없다는 듯, 햇살에 담긴 자양분을 있는 그대로 빨아들이려는 듯, 혹은 암초에 부딪히지 말라며 바닷길을 비추려는 듯, 우리는 처절하게 서로를 바라보았다. 그 눈빛 안에 모든 것이 담겨 있었다. 굳이 말하지 않아도, 당신을 붙잡지 않아도, 우리가 서로 안아주지 않아도. 그 애잔한 파도 위에 우리의 마음을 유리병에 담아, 동동 띄워 보냈다. 그리고는 믿기지 않을 거짓을 내뱉었다. 이제 널 사랑하지 않는다고, 네가 보고 싶지 않다고, 널 잊어 갈 거라고.

이제 서로의 눈이 보이지 않으니, 뜨겁던 진심도 서서히 쓰러져 갔다. 이젠 정말 네가 날 사랑하지 않을 것 같다고.

 그날따라 유난히 야경이 보고 싶었다.
 버스를 타고 집에 돌아오는 길, 지상의 별빛은 바다 표면을 반짝였다. 달그림자와 도심의 불빛을 잘 담아낸 검은 바다 도화지. 먹먹해진 감정으로 한참 그 바다를 바라보았다. 너도 어딘가에서 이 풍경을 바라보고 있을까. 아니, 어쩌면 이미 나를 덮고, 바다의 풍경 따위 잊어버렸을까. 나만 널 그리워하고 있는 걸까. 네 집 앞을 지나치는 버스에서, 그저 네 집을 바라보고 있는 것만으로도 그리움이 사그라들던. 아주 가까이, 네 곁을 스치고 지나가는 것만으로도 안심이 되던. 그래서 그 순간만큼은 널 빨리 잊을 수 있겠다고 착각하게 되던. 이 긴 다리를 건너며 그 오만한 착각을 다시 한번 되새겼다. 아니, 나의 그리움은 사그라들지 않았다. 나는 여전히 네가 그리웠다. 여전히 네가 사무치게 그리웠다.

 야경이 보고 싶었다.
 아니, 네가 보고 싶었다.

사랑이라는 착각

 흐릿해진 지난날의 기억에는 거뭇한 그림자만 남아 있었다. 어색한 공기만 남은 장소에 얼굴도 기억 안나는 이의 옷에서 나던 향기가, 자꾸만 과거를 떠올리게 만들었다.

 어느 날 날 애타게 좋아한다던 사람과 마주한 날, 내 마음에 스파크가 일었다. 안타깝게도 난 그동안 그 사람의 마음을 눈치챈 적이 없었다. 그러고 생각해보니, 그는 늘 내 곁에 있었던 것 같다. 내가 어디에 있었든, 무엇을 하고 있었든, 그는 그 시절의 내 모습을 선명히 기억하고 있었다. 그의 기억 속에 남은 내 모습은 어설프고, 엉성하고, 부끄럽기 짝이 없었다.

 — *그때 즐거웠지, 좋았지.*

 그런 과거에도 우리는 여전히 수줍게 웃었다. 몇십 년의 세월을 쌓은 오랜 친구처럼 말을 주고받았다. 그러나 나는 끝까지 그 사람의 마음을 모르는 척 아무렇지 않게 웃었다. 그의 진심에 무심했던 지난날을 애써 얼버무렸다. 내 마음에는 점점 그 사람에 대한 관심이 싹트고 있었는데도 말이다.

 친구라는 이름 아래, 정확히 명명할 수 없는 감정들이 여름날 바다 위의 튜브처럼 둥둥 떠다녔다. 그 어정쩡한 부유가 그의 마음을 더 혼란스럽게 만들었던 건 아닐까? 어설프고, 서투른 우정 사이에는 이게 사랑이었는지, 어쩌면 사랑이 아니었는지 착각하게 만드는 무엇이 있었다. 친구라는 그 말이 우리의 사이를 끈끈하게 만들었다가도, 절대 연인으로 이을 수 없는 벽을 치기도 했다.

 그저 다 좋은 과거였다고 웃을 수 있었던 건, 속절없이 흘러간 세월 덕분이었다. 시간은 늘어진 테이프처럼 지루하게 흘러왔다. 비단 그 시절에서 멀어졌기 때문만은 아니리라. 반복되는 사계는, 달콤한 과자를 주며 설렘을 선물하던 기념일마저 아무것도 아닌 날로 만들어버렸다. 생일을 축하한다는 말이 그저 인사치레가 되어버린 세상에 산다는 건, 오히려 설익은 과거를 그리워하게 만들었다. 상처뿐인 청춘도 아름다움으로 기억하게 만드는 그 순간으로. 분명 우정이었는데, 사랑이었던 게 아닐까 착각하게 만들어 버리는 시간으로.

 그래서 어쩌면, 별이 익어가는 밤에 마음은 더욱 심란해졌던 것일까? 조금 더 대화를 이어나간다고 해서 다시 과거로 돌아갈 수는 없었지만, 내 시절의 잔상을 가지고 있는 이를 더 붙잡아두고 싶어 했다. 그냥, 술이나 한 잔 더 한다거나 따뜻한 커피를 마시는 것만으로도 그리운 과거로 돌아가는 기분이었다. 그때 좋았던 날, 누군가 아파할 때 뜨거운 위로를 해줄 수 있던 때, 누군가에게 진심으로 사랑한다고 말할 수 있던 때. 삶의 모든 순간들이 가을에서 겨울로 천천히 시들해져 갈 때, 뜨거웠던 여름날 바다로 뛰어들 수 있는 그런 순간이지 않을까.

― *오늘 밤에 같이 있을까?*

흔들리는 마음을 붙들어준 것은, 오히려 그 한 마디였다.

― *아니, 그냥 가.*

이제 우리는 감정에 휩쓸려 쉽게 상처를 주고받을 나이는 아니었다. 어떤 것이 옳고 그르다는 걸, 강산이 한 번 뒤엉킬 동안 깨달아 왔다. 힘겹게 아쉬운 마음을 삼키고 감추는 것은, 아름답게 기억되는 과거를 지키기 위함이었다. *그냥 가*. 그 말에 담긴 마음은, 명확한 감정을 알 수 없었던 지난 과거에게 하는 말이기도 했다. 우리의 아름다웠던 시절을, 우정을, 풋풋했던 감정을 훼손시키지 말자고. 그렇게 가슴에 또 한 번의 안녕을 보냈다.

강물처럼

 고요히 물결치는 강가에는 평화가 살아 숨 쉬고 있었어. 우리는 어느 마을의 젖줄을 바라보면서 서로의 어깨에 머리를 기댔지. 어쩌면 흐트러진 요즘의 우리였을지도 몰라. 강변에 가득 낀 지난 대화의 이끼들 말이야.
 널 지독히도 사랑했는데, 나는 자꾸만 네 사랑을 갈망했어. 남모르게 그러쥐어준 쪽지 속에는 우리의 비밀 암호들만이 난무했지. 그러면 안 되는 줄 알면서도 나는 자꾸 너의 메시지를 기다렸어. 삐뚤빼뚤 네 마음을 표현한 작은 편지와 일렁이는 감정들, 눈물 어린 진심과 원망들. 넘을 듯 넘지 않는 우리 관계는 겉으로 보기에는 평화롭게 흐르는 강물처럼 고요하기만 했어. 어느 가을 새 한 마리가 강물 아래서 열심히 물살을 가르며 헤엄치는 것처럼, 어쩌면 나는 우리의 관계를 지키기 위해 평온한 싸움을 해왔는지도 모르지.

어떤 게 우리의 사랑을 온전히 지켜내는 일인지 알지 못했어. 남모르게 사랑하면 쟁취할 수 있을 줄 알았던 관계는 아주 속절없는 것이었지. 세상의 시선은 모든 것들을 무너뜨렸어. 너에 대한 사랑도, 열망도, 관계도. 우리의 사랑은 세상의 시선을 이겨내기에는 작고 연약했어. 난 어쩌면 그 눈길을 견딜 수 없어서 초조하게 손톱만 뜯었던 건지도 몰라.

노을빛을 그대로 비춘 강물이 금가루처럼 일렁이는 오후, 두 눈에도 반짝이는 빛이 일었지. 차가운 뺨을 어루만져주며 차분히 내 두 눈을 바라보던 네 얼굴을 떠올려. 네 얼굴을 뚫어져라 바라보았던 건, 아주 오랫동안 널 보지 않아도 까먹지 않기 위해서였어. 눈물이 고여 턱밑으로 떨어지기 직전까지 널 바라았지. 눈물이 흐른 순간, 나는 다가올 이별을 맞이할 준비를 했어. 일종의 예행연습이었지. 우리의 사랑을 강물에 던져버리는 것 말이야.

시간이 흐르면서 점점 멀어지기 시작한 우리의 사랑을 그저 바라만 봐야 하는 일만큼 끔찍한 게 있을까. 나는 우리가 점점 더 멀어질 때마다 어쩔 줄 몰라 두 발만 동동 굴렀어. 저걸 다시 건져내야 할지, 내버려 둬야 할지 결정하지도 못한 채로 말이야. 어떤 날은 흘러가는 모습마저 기억하고 싶어서, 처연하게 기록하기 시작했어. 끊임없이 우리를 상기했고, 그렸고, 간직하려 했지. 하지만 시간이라는 게 참 야속하게도, 모든 추억들을 변하게 만들었어. 언젠가 노을빛에 붉게 일렁이던 마음이, 어떤 때는 무슨 색깔이었는지 떠오르지 않았어. 하얀색이었던지, 노란색이었던지, 아니 어쩌면 검은 색이었을지도 모르지. 우리의 사랑이 명확히 어떤 색깔이었는지 가물거리게 된 순간, 나는 이제 더는 우리의 사랑을 추억하지 않기로 했어.

 이제 더는 네 이야기를 쓰지 않아. 어쩌면 우리의 사랑은 이별을 결심한 순간 죽어버렸는지도 모르지. 이제 죽음을 애도하는 마음 따위 갖지 않을래. 그런 마음마저 강물에 던져버릴래. 그걸 사람들은 미련이라고 하더라. 그래. 내가 아직 널 잊지 못한 이유일 테지.

 내 청춘을 다 바쳐 사랑한 지난날들이여. 어쩌면 우리의 과거이기 전에, 너와 나의 단면이기도 했던 풍경들. 이제 더 이상 색깔이 변하지 않도록, 자주 꺼내 보지 않을래. 힘들 때마다 아련해진 기억을 꺼내 놓고, 텅 빈 마음을 채울래. 그것만으로도 충분히 우리의 사랑은 제 몫을 다 한 것이라고. 내가 널 추억할 수 있는 유일한 그 시간을, 천천히 느끼고 싶어.

2장

어떤 기억은
겨울의 마른 나뭇가지 같아

토막 난 마음에서 피가 흘렀다. 울컥거리며 흘러내리는 그 검붉은 액체는 차갑게 식어 눈물이 되었다. 단지 아프다는 말로는 다 표현할 수 없는, 애매한 감정이었다. 살을 게걸스럽게 파먹고, 앙상하게 가시만 남은 곳에는 시린 바람이 공허한 소리를 내며 지나갔다. 뼈마디가 시리고, 가슴은 텅 비어서, 오히려 마음이라는 녀석은 마구잡이로 아무 감정이나 허겁지겁 채워넣고 싶어 했다.

별생각 없이 욱여넣는 밥숟갈, 채워지지 않는 외로움….

결국 온갖 먹은 것들을 변깃물에 왕창 게워내고 나서야, 나는 진정으로 소리내어 울 수 있었다.

밤잠

 새벽을 욱여넣은 아침이 오면, 눈 밑에는 지난밤의 흔적이 그늘져있다. 밤잠을 설친다고 해결될 일이 아니란 것쯤은 잘 알고 있었다. 다음날이 밝으면 이렇게 힘겨워할 것이라는 걸 알면서도, 간약한 생각들은 밤새 끊겼다 이어지길 반복했다.
 불면증을 야기시키는 생각의 꼬리는 똑같은 모양으로 매듭지어져 있었다. 한 줄로 쭉 늘어선 모습이 마치 천의 끄트머리를 묶어 길게 이어놓은 것만 같았다. 내 마음이 건물이라면, 이미 옥상 가까이 불길이 치솟았을 것이다. 그럼 이 생각의 꼬리들은 무너져 내리기 직전의 건물에서 탈출할 수 있는 밧줄이 될까, 아니면 새까맣게 타버리게 될까. 글쎄, 잘 모르겠다. 몇 날 며칠 이 생각의 꼬리들에 잡혀 사는데, 나는 단 한 번도 정답을 깨닫지 못했다. 애초에 정답이라는 것이 있었다면, 이렇게까지 잠을 설치지도 않았을 것이다.

생각은 참으로 무의미한 결과만을 펼쳐놓았다. 마치 내 인생에는 일어나지 않을 것 같은 터무니없는 드라마들이 펼쳐졌다. 때론 나에게 관대했다가 때론 나를 해치기도 하는, 병도 주고 약도 줬다가 혼자 블루스를 추는 참으로 뜬금없고 이상한 생각들이었다. 이걸 상상력이 풍부하다고 포장할 수도 있겠지만, 이런 상상력이 오늘 나의 긴 밤을 또 한 번 망쳤다.

새벽 한 시를 넘어가고 있는 지금, 나는 촉촉해진 눈을 비비고 감았다. 나의 내면에서 속삭이고 있는 영혼은 어떤 마음인 걸까. 조금 지쳤다고 말하기에는 너무나 지겨우나, 이것을 달리 어떤 '감정'이라고 표현하기에도 애매했다. 화가 나는 것도, 슬픈 것도, 그렇다고 완전히 감정이 없는 것도 아니었다. 그 오묘함 속에 마음은 끊임없이 핑-퐁 핑-퐁 거렸다. 잠을 자야 하는데 이제는 끝없는 걱정들이 펼쳐졌다. 걱정을 하다 보니, 이젠 진짜 무엇이 걱정인지도 몰랐다. 하나의 걱정은 또 한 녀석의 걱정을 데려왔다. 걷잡을 수 없이 거친 생각과 고민과 걱정들은 손을 맞잡은 바이러스처럼 제 몸을 부풀리며 증식하기 시작했다.

그 처절한 상상력에는 다양한 생각들이 내재돼 있었다. 앞으로 어떻게 살아야 하는가 하는 막막함과 어떻게 살고 싶다는 계획, 그리고는 문득 절교한 친구의 근황이 궁금해졌다. 그러고 다시 잠에 들고 싶었는데, 이번에는 헤어진 옛 연인이 떠올라 한참을 괴롭혔다. 또는 며칠 전의 계획 중 하나였던 필사를 다 마치지 못한 것을 떠올리고는 '마저 쓰고 잘까' 고민하기도 했다. 이런 성격인들 어쩌랴. 결국 제 고집을 꺾지 못한 새벽에 당사자만 피곤할 따름이었다.

밤잠에 들기 전에 밀려드는 수많은 생각은 결국 고집이었다. 사실 모든 걸 놓아버리면 편했다. 이렇게 살까, 저렇게 살까, 그냥 내버려 둘까, 그래도 시작해볼까. 자신 안에서 수없이 싸우는 그 무의미한 독백들이 밤잠을 망쳐놓는 것이다. '내일 생각하자'고 고개를 흔들어버리고는 눈을 감아버리면 되는데, '내일 생각하자'는 의견은 내면에서 처참히 묵살되었다. 이미 그 의견은 곳곳에 치명적인 부상을 입고는 흘러가는 강물에 둥둥 떠내려가 버린 것이다. 그렇게 시계를 다시 보니 어느덧 새벽 4시가 되어있다. 잠을 자기에도 애매해, 깨어있기에도 애매해. 그때부터는 정신도 점점 몽롱해지고 아득해진다. 잠은 안 오고 몸만 피곤해진다.

불면증에 시달리는 괴로운 새벽, 오늘도 어김없이 머릿속에 수많은 생각들이 부딪히고 다툰다. 그런데 참으로 신기하다. 이토록 다양한 생각들을 펼쳐놓아도 그 안에 '정답'은 없었다. 이 생각도 아니고, 저 생각도 아니면 대체 답은 뭘까? 반대로 생각해보면, 이미 답이 정해져 있기 때문에 '그건 아니야'라고 고개를 저을 수 있던 것은 아닐까?

벌어진 과거는 다시 돌이킬 수 없고, 미래는 아직 다가오지도 않았다. 지금 당장 이 시간을 현명하게 보낼 수 있는 방법은 우선 자는 것이다. 잠을 자야 과거도 달리 생각해보고, 미래도 차분히 그려나갈 수 있지. 애써 복잡한 생각을 덮고 잠에 청한다.

 최대한 아무 생각도 하지 말 것.

 어떤 생각이 떠오른다면, 천천히 그 생각에서 멀어질 것.

 눈을 감고 호흡을 길게 내뱉어본다.

어떤 기억은 겨울의 마른 나뭇가지 같아

chamomile

 뜨거운 찻잔 안에서 빙글빙글 돌아가는 캐모마일을 바라본다. 찻물에 담겨 노랗게 피어오르는 캐모마일은, 이미 메말라 죽었는데도 또 한 번 두 번째 생을 살아가는 듯했다. 헤엄치는 듯싶다가도, 노란 머릿결 같기도 한 보송보송한 잎들은 가슴에 꼭 숨겨두었던 향을 뿜어댔다. 향, 쌉싸름한 꽃향기가 혀끝에 맴돌기 시작했을 때는, 이미 뜨거운 향이 식도를 타고 흘러내려가는 중이었다.

 언젠가 당신과 함께 차를 나눠마시려 했던, 그 머그잔이다. 흙을 빚어 만든 초록색 자기 잔. 난 촌스러운 것 같다고 툴툴거렸지만, 단지 내가 내려주는 차를 마시는 것만으로도 행복할 것 같다고 샐쭉 웃던 당신이었다. 아무래도 좋다고, 그저 우리가 함께 차를 마실 수 있다는 데에 감사하다고. 어린아이 같이 미소 짓던 당신의 얼굴이 떠오르자, 나는 들고 있던 찻잔을 천천히 내려놓았다. 목구멍을 타고 뜨겁게 흘러내린 게 찻물이었던가, 울음이었던가. 힘겹게 삼키고, 또 삼켰다.

집 안에 꽃향기로 가득 차는데도 미처 알아차리지 못했던 것은, 찻잔의 존재가 매우 하찮았기 때문이었다. 아주 작고 은근해서, 캐모마일이 대단한 향을 뿜어내는 줄도 몰랐다. 잠시 외출을 하고 돌아오는 사이, 방 안을 은은하게 메운 캐모마일 향이 또다시 내 가슴을 먹먹하게 적셨다. 그 노란 캐모마일 꽃잎이 꼭 당신을 닮은듯해서. 너가 당신을 잊고 잘 살고 있었다고 착각해와서.

곁에 있을 때 소중함을 모른 채로 살았다. 내 이기심으로, 욕심으로, 어쩌면 당신을 더 이상 사랑하지 않게 되었다는 속단으로 모든 것을 부서뜨려버린 새벽. 새벽이 꺼지자, 나의 세상에도 차츰 균열이 생겼다. 모든 게 괜찮아질 줄 알았는데, 시간이 흐를수록 전혀 괜찮아지지 않았다. 균열은 더 큰 금을 그었고, 그렇게 천천히 무너져 내리기 시작했다. 촘촘하게 채워 넣기 시작한 일상의 소소한 계획들은, 늦은 새벽이 되어서야 마무리되었다. 그 마무리 끝에는 텅 빈 허무함만이 아무 의미 없는 파도처럼 밀려들었다. 나는 밀려들었다 쓸려나가는, 속절없는 감정의 운동을 한참 바라보았다. 캐모마일을 내려다보는 어떤 날의 내 모습처럼.

한겨울밤의 꿈이었다고, 그러니 이제는 꿈에서 깨어나야 할 때라고. 지친 몸을 이끌고 나지막이 속삭이던 새벽. 온몸을 움츠려, 되돌릴 수 없던 시간들을 손으로 꼽아보며, 어쩌면 하루가 죽어갈수록 당신에게 잊혀지고 있다고 믿던 수많은 밤을 헤아리며, 나는 또다시 찻물을 마신다. 캐모마일이 뜨겁게 식도를 타고 내려가는 사이, 울음을 삼키고 그리움을 내뱉으면서 조금씩 당신을 지우는 연습을 한다.

 찻잔은 지난날 당신을 회상하게 하는 매개였다. 그러나 이제는 당신을 지우는 상징이 되었다. 당신을 떠올리고, 뜨겁게 삼키고 덮어두는 일. 그렇듯 또 혼잣말한다. 차라리 다행이라고, 당신도 나를 이렇게 덮어가고 있을 테니.

A Different Kind Of Love

1.

아주 짙은 어둠이 깔린 물 속이야. 내 영혼은 차디찬 심해로 끌려 내려가고 있어. 내가 그렇게 빨려 들어가는 동안, 너는 숨죽인 채로 내 영혼을 바라보기만 했지. *괜찮아?* 힘겹게 꺼낸 위선 섞인 위로는 나에게 되려 역효과만 일어났어. *네가 날 이렇게 만들어놨으면서, 괜찮냐니?* 넌 끝까지 나에게 희망고문만을 남겼어. 난 금방이라도 숨이 막혀 죽을 것 같은데, 넌 자꾸 네 옆에 빈자리가 있다고 말했지. 아무리 봐도 비집고 들어갈 여유가 없는데, 너는 마치 그래 보라는 듯이, 널 위한 자리는 있다는 듯이 나에게 미소 지었잖아. 나는 그 미소만 믿고 너란 잠수함에 온 몸을 부딪혔던 거야. 내 온몸과 마음이 박살 나는지도 모르고.

2.

 언젠가 나도 물밖에서 널 내려다보던 적이 있었어. 그때 넌 물 속에 있었지. 넌 심해로 빨려 들어가면서도 힘겹게 내게 사랑을 고백했어. 자유를 갈망한다는 네 목소리에는 그 어떤 거짓도 없었어. 넌 정말로 자유를 원했어. 답답한 구속에서 꺼내 달라며 내게 손을 뻗었어. 넌 어쩌면 내가 널 구원해줄 수 있는 마지막 사람이라고 믿었는지도 몰라.

 하지만 내가 너의 손을 잡으려 팔을 뻗었을 때, 넌 잡을 듯 말 듯하면서도 끝까지 내 손을 잡지 않았어. 여태껏 옳다고 믿어왔던 사랑과 진심, 그동안 쏟아부은 시간과 노력을 허투루 만들고 싶지 않았던 거야. 그게 설령 아주 잘못된 것, 혹은 오랫동안 고여서 썩어버리는 중인 고리타분한 생각일지라도 말이야.

 난 결국 네 손을 치워 버렸어. 생각해보니 억울하더라고. 내가 왜, 굳이 너의 손을 잡아주어야만 하는지 이유를 알지 못했어. 넌 무엇이 소중한지를 몰라 모든 걸 다 소중하다고 여기는 사람이었지. 그런 욕심들이 널 구속하고 속박했던 거야. 넌 네가 버리지 못한 것들과 함께 물속에 빠져 허우적거렸고, 그 진전 없는 제자리 헤엄에 답답해하면서도 짐을 버릴 생각을 못했어. 그건 온전히 네가 자초한 일이었어. 내가 널 어떻게 해줄 수 없었다는 말이야.

 난 아직도 네가 말하는 사랑을 이해하지 못했어. 동전 뒤집는 것처럼, 그런 양면이 극명한 일 따위 아무것도 아니라고 말하는 네 말을 말이야. 날 사랑한다면서, 모두를 사랑하지만 나에게만 특별히 느껴진다는 이 사랑을 설명하지 못하던, 새벽인지 밤인지 아침인지 모를 그 애매한 시간에 말이야. 글쎄, 눈에 보이듯 뻔한 관계를 두고 어떻게 그렇게 모호하게 이야기할 수 있는지 모르겠어. 누가 봐도 넌 날 사랑하지 않았는데 말이야. 그럼에도 넌 나에게 말했지. *잘 모르겠어, 난 단지 널 사랑해, 그 이유뿐이야*,라고. 네가 들이민 그 알량한 이유 때문에 내가 지금까지 너에게 얽매여 왔는지도 모르겠어. 네가 야속해. 어쩜 그렇게 사랑한다는 고백을 쉽게 할 수 있느냔 말이야.

너에게 사랑한다는 고백을 내뱉기까지, 내 목구멍에는 수많은 언어들이 조합되고 부서지기를 반복했어. 나에게 사랑한다는 말은 단순한 언어의 전달을 넘어선 개념이야. 마치 우주를 쏘다니던 별들을 하나하나 모으고, 구석에 울고 있던 마음과 어쩌면 성이 났을 감정들을 주워 뭉치는 느낌이었어. 그걸 뭉쳐서 내뱉은 말이 사랑해, 였어. 단 한 호흡으로 내뱉을 수 없는, 그토록 가볍게 입에 담을 수도 없는 말이라는 거야. 하지만 넌 그 어느 때보다도 쉬운 사랑을 내뱉으면서, 나의 그런 마음을 신경 쓰는 것 따위 안중에도 없이, 그저 내 마음을 현혹시키려고만 했어. 지나고 보니 그런 사랑이었어. 내 영혼을 발목 잡는, 네 답답한 속박에 내 바짓 자락을 붙들고 늘어지는, 네가 말하는 사랑이라는 건 말이야.

이제 너에게 포기하라고 말하는 것도 지쳐. 둘 중 하나를 선택하라고 말하는 것도 웃기지. 내가 너에게 뭐라고. 넌 어쨌든 네가 사랑하는 것들을 위해서 달아날 거잖아. 날 온전히 가졌다고 생각하는 순간, 최선을 다해 나에게서 멀어질 거잖아. 그 눈에 보이는 뻔한 답을 두고, 내가 어떻게 네 손을 잡겠어. 가지지 못한 것에 입술을 달싹이며, 제발 곁에 있어달라고 애원하는 널 보고서, 내가 어떻게 네 사랑을 선택하겠어. 우리가 손을 잡자마자 부서질 사랑이라는 거, 아주 눈에 잘 보이는데. 단지 내가 너의 사랑고백을 받아들였다는 이유로, 날 다 가진 듯 오만하게 굴 네 모습이 보이는데. 그렇게 모든 게 거짓말로 붉게 물들게 될 텐데.

그렇지만, 나에게 뱉은 네 모든 고백들을 거짓말로 치부하고 싶지 않아. 그래도 일말의 순간에는 나에게 진심이었던 적이 있었다고, 사랑한다고 내뱉은 순간마저 오염물로 바라보고 싶지 않아. 네가 그랬잖아. 언제든 시간이 흘러도 날 사랑하겠다고. 그래, 그 말을 내뱉은 지금 이 순간만큼은 진심이겠지. 난 그 진심을 오래도록 지키고 싶어. 시간이 흘러도 날 사랑하겠다는 그 말, 내가 네 손을 잡지 않으면 영원히 지켜질 그 말, 세월이 흘러 노인이 되어도 첫사랑의 아련한 기억처럼 남을 그 말을.

영원히 잊지 마. 내가 널 떠난 것을 평생 원망하고, 슬퍼하고, 애도해. 내가 네 손을 놓쳐버린 순간을, 널 죽게 내버려둔 시간을, 우리의 이루어지지 않은 사랑을 말이야.

3.

　그렇게 내 세상에도 물이 차오르기 시작했어. 널 사랑하지 않겠다고 다짐한 그 순간부터 말이야. 발가락 사이에 찰랑거리던 물이 어느새 빛을 아득하게 만들 정도로 머리끝까지 가득 차올랐어. 누군가 날 부르는 소리가 들리는데, 물에 막혀서 먹먹하게 들렸어. 심해에 빠져드는 동안에도 너는 끝없이 나에게 사랑한다고 말했어. 부디 사랑을 받아달라고, 절대 변치 않겠다고 말이야. 언젠가 거짓말이 될 진심을 쉴 새 없이 말이야.

　이제는 무엇이 옳은 건지도 모르겠어. 그때 네 고백에 수긍하고, 상처뿐인 이별을 받아들여야만 하는 게 맞았던 건지를. 난 단지 너와 헤어지는 게 싫어서, 평생 날 잊지 못하게 만들고 싶었던 건데. 지금 생각해보니 내 욕심이었던 걸까. 그럼 이로서 우리 동등해진 건가. 모두를 사랑하고 싶어 했던 너와 그 진심을 지키고 싶어 했던 나 말이야. 우리 모두 욕심부렸으니, 이렇게 숨 막히고 참담한 심해에 갇혀 허우적거리고 있는 것이겠지.

　영원히 나에게 말해. 날 사랑한다고, 잊지 않겠다고, 그러니 사랑을 받아달라고. 그 거짓이 될 진심들을 끝도 없이 말이야.

4.

난 가끔 흔들려. 네 비참한 희망고문을 들을 때마다, 이 답답하고 차가운 물 같은 괴로움 속에서 벗어나고 싶어서. 그래서 때론 너의 변질될 고백을 믿어버리고 싶어. 정말 나만을 사랑해줄 거라는, 알면서도 속고 싶은 거짓말들. 그래서 네가 결국 날 받아주지 않을 거라는 걸 알면서도 또 몸을 부딪히는 거야. 부서져라고, 또 부서지라고.

후회

 아무 생각도 하지 않으려 했다. 차라리 빈 깡통이 되는 편이 나았을 테다. 생각하는 동물로 태어나, 끊임없이 자신의 영혼을 갉아먹으면서도, 그게 안 좋은 줄 알면서도, 도통 그 습관을 내려놓지 못했다. 내가 모든 것을 망쳐버렸다는 죄책감과 타인을 상처 입히고 말았다는 괴로운 마음이 공허한 마음에 그득 들어찼다. 어떤 하루는, 오히려 그런 슬프고 답답한 감정들로 가득 차서는, 외로움마저 들지 않았다. 소름 끼치는 적막만이 흐르는 새벽에, 소리라곤 오직 나의 울음뿐이었다. 괜찮다고, 다 좋아질 거라고 다독이면서 야윈 어깨를 스스로 쓸어내렸다. 이제 더는 내 곁에 아무도 없다는 것을, 나는 아주 참담한 마음으로 인정해야만 했다.

 빛줄기 하나 보이지 않는, 그 침침한 어둠 한가운데 몸을 뉘었다. 어둠은 오히려 차갑다 못해 날 포근하게 안아 주었다. 이제는 적막에서 헤어 나올 의지조차 남지 않았다. 때론 이대로 외롭고 쓸쓸하게 홀로 남겨져 있어도 괜찮겠다고 생각했다. 아니, 어쩌면 다시는 가슴 아픈 이별을 감당하고 싶지 않기 때문이었을 테다.

사랑에 대해, 그것은 아주 뜨거운 여름이었노라고 열변을 토했던 적이 있었다. 그리고 어느 날 당신에게, 그 누구보다도 당신을 사랑한다며, 떨리는 가슴을 부여잡고 고백을 내뱉었던 적이 있었다. 당신은 아주 익숙하게 그 고백을 받아들이고는, 천천히 나에게서 멀어져 갔다. 아니, 당신의 육신은 늘 내 곁에 있었는데, 당신의 영혼은 늘 다른 곳에 있었다. 내가 아닌 다른 것을 더욱더 사랑했다. 그 공허함, 곁에 있어도 곁에 있는 것 같지 않은 외로움, 함께 있어도 느껴지는 그 소름 끼치는 어둠과 적막이 나를 온종일 휘감았다. 그래서 어떤 날은, 당신 없이도 잘 살 수 있겠다는, 아주 오만한 생각을 했던 것이다.

당신과의 이별을 예감하며, 나 홀로 이별 연습을 하던 날. 그날 당신의 눈에 비친 그리움을 읽었다. 그 옛날 당신에게 뜨거운 감정으로 고백했던 내 모습을, 당신 역시 그리워하고 있다는 걸 깨닫게 되었다. 그러나 그때로 돌아가기에는 이미 많은 것들이 돌이킬 수 없을 만큼 흩어져 있었다. 그 정성 어린 마음들을 주워 단단하게 뭉치고, 그걸 당신에게 다시 전달하기에는, 이미 나에겐 뜨거운 기력 따위가 없었다. 모든 것이 찢어졌고, 흩어져 버렸다. 당신을 뜨겁게 사랑할 열정도, 이별을 감내할만한 용기도, 그 모든 걸 따뜻하게 안을 수 있는 포용력도, 아무것도 남아 있지 않았다.

내 인생의 여름을 당신에게 쏟아내고 나자, 내 손아귀에 아무것도 남아있지 않았다. 이제 나는 내 살길을 먼저 찾아야만 했다. 나는 죽기 살기로 내 삶을 찾았고, 그러는 사이 나도 당신에게서 천천히 멀어졌다. 그리고 또 한 번 외로움에 몸서리치고, 고독함에 눈물지으며, 아무 의미 없는 생각들을 늘어놓았다. 당신 없이 잘 살 수 있을 거라고 생각했는데, 당신 없이 살 수 없다는 걸 조금씩 알게 된 것이다. 난 외로움과 고독에 익숙해진 것이 아니었다. 어둠 속에 눈과 마음이 철저히 가려진 채, 혼자서도 잘 살아갈 수 있다고 나 자신을 속여왔던 것이다.

그러나 너무 많은 시간이 흘러버렸다. 우리가 천천히 이별을 연습하던 중에, 우리는 서로에게 너무나 많은 상처와 아픔을 남겼다. 그사이 사랑이라는 관계는 시퍼렇게 멍이 들어 회복되지도 못했다. 조금만 눌러도 아팠고, 피가 고여 고름이 찼다.

우리가 다시 만날 수 있을까?

우리가 다시 좋았던 그때로 돌아갈 수 있을까?

우리, 다시 사랑할 수 있을까?

글쎄, 이렇게 살짝 누르기만 해도 아픈 사랑을, 어떻게 다시 말끔한 새살로 돋게 만들 수 있을까.

나는 아직도 홀로 어둠 속을 헤매고 있다. 그렇게 천천히, 어둠에 눈과 마음이 가려진 채, 어둠 속에 흩어진 지난날의 내 감정들을 더듬으며 찾을 것이다. 그 감정을 다시 줍는다고 해도, 당신을 전처럼 열렬히 사랑할 수 있을지 모르겠다. 그리고 당신 또한, 날 다시 돌아봐줄지 모르겠다. 누구 하나 노력한다고 해서 이어질 수 있는 사랑이 아니기에. 좋았던 지난날들을 추억하면 가슴이 미어지고 찢어진다. 이 모든 걸, 내가 다 망쳐버린 것만 같아서.

소나기

 마음속에서 싹트고 있던 건, 어떻게든 너에게 꺼내 보여주고 싶은 나의 진심과 널 품고 싶은 열망뿐이었다. 몇 개의 밤이 흐르고, 억겁의 시간을 눌러 새벽을 견뎠다. 산산 조각난 사랑을 주우며 가끔씩 옛일을 추억하는 것으로 만족해야 했다. 그게 우리 모두에게 좋을 일이라면, 응당 그래야만 한다면, 그게 내가 원하는 것이라면.
 어떻게 하면 널 한 번 더 볼 수 있을까? 복잡한 마음을 봄바람에 흘려보내면서, 부치지 못할 편지를 쓴다. 나는 언제나 네가 그리웠고, 보고 싶었다. 왜 그렇게 모질게 밀어내야만 하느냐고 묻던 네 얼굴이 떠오른다. 글쎄, 난 어쩌면 '널 사랑하지 않는다'는 거짓말을 대며, 결국 내가 상처받지 않기 위해 결정을 내린 것일지도 모르겠다.
 모든 관계에는 항상 끝이 있었다. 끝을 생각하면 사랑도 무한히 건넬 수 없었다. 왜 그랬는지 알 수 없다. 널 생각하면 이별이 먼저 떠오르던 그때 내 마음 말이다. 나도 이해할 수 없는 감정을 여름날 소나기처럼 쏟아냈지만, 넌 다 이해했단 눈빛으로 고개를 끄덕였다. 다만 내가 아프지 않았으면 좋겠다고 한다. 네 말을 듣고서야 이해했다. 네가 밉다는 거짓말을 하면 할 수록, 난 너에게서 헤어나올 수 없게 된다는 걸.

 뿔뿔이 흩어진 사랑의 조각들은 내 사물의 흔적에 묻어 있었다. 어느 컴퓨터 드라이브 안에, 핸드폰 사진첩 안에, 책장 사이에, 머그컵 손잡이에, 화장대 서랍 안에. 그 셀 수도 없이 많은 사물 안에 네가 살아 숨 쉬고 있었다. 내가 상처받지 않기 위해 기를 쓰고 달려 나왔건만, 나는 결국 네가 없는 새벽에 울음을 터뜨렸다. 널 사랑하지 않는 줄 알았는데, 나는 아주 처절하게 네 이름을 되뇌이고 있었다. 너의 향기가 묻은 수많은 사물이 제 입술을 벙긋거리며 내 이름을 불렀다. 그 목소리는 꼭 네 목소리 같았다. 어느 봄볕 아래, 살랑 불어온 바람에 흩날리는 나의 머리칼을 정돈해주던, 어느 날의 다정한 네 손길 같은 목소리로.

 무뎌져가고 있던 건 상황뿐이었다. 여전히 감정과 사랑과 미움은 더욱더 끈끈하게 서로를 붙잡고 있었다. 네가 그리울 때마다 널 미워했고, 널 미워하는 중에도 여전히 사랑했다. 이 감정을 뭐라고 말할 수 있을까? 글쎄, 나는 조금 더 깊어진 사랑이라고 말할 테다. 사랑보다 더 짙은, 다른 느낌의 감정 같은 것.

이제는 널 붙잡아 둘 명분이 없었다. 최선을 다해 너에게서 멀어졌고, 멀어질 이유는 말도 안 되는 핑계를 만들어 댔다. 넌 속으로는 이해하지도 못했으면서, 날 위해 이해하는 척했다. 그 속에는 내가 아프지 않았으면 하는, 너의 따뜻한 배려나 사랑이 녹아 있었다. 나는 그 마음을 또 한 번 배반하고 싶지 않았다. 내가 힘들어 죽을 때마다 널 찾았다가, 또는 내가 힘들어 죽을 것 같을 때 널 떠날 테니까. 잦은 만남과 이별 가운데서 진심을 닳게 만들고 싶지 않다. 널 사랑했던 순간만큼은 진심이었으니까. 차라리 좋았던 날들로 기억했으면 하는, 조금의 변색도 용납할 수 없는 지난날의 아름다운 추억으로.

그러나 나는 알고 있다. 그런 잦은 만남과 이별 가운데서, 넌 상처를 받아가면서까지 내 곁에 있을 거라는 걸. 바보 같은 미소를 띠며, 괜찮다는 듯 실없이 웃으며, 또 한 번 아무렇지 않게 내 머리를 헝클일 것이다. 지겹게 내뱉은 "사랑한다"는 말을 또다시 속삭이며, 떠나지 말고 곁에 있으라고 할 테다. 나는 그런 네 얼굴이 싫어 영영 떠나기로 한 것이다. 넌 상처받으면서도 꾸역꾸역 내 곁에 있을 걸 아니까. 이제 더는 나도 너에게 상처를 주고 싶지 않으니까.

금방이라도 울음이 터질 것 같은 눈망울로, 한없이 나만 바라볼 테니까, 넌.

어떤 기억은 겨울의 마른 나뭇가지 같아

먹구름

 하루 종일 먹구름이 잔뜩 끼어 있었다. 오늘은 미세먼지 농도가 짙다고 했다. 하늘이 침침한 게 미세 먼지 때문인 줄 알았는데, 늦저녁에 비가 내리기 시작했다. 먼지를 끌어안고 내린 비는 생각보다 가벼웠다. 안개비처럼 사뿐히 내려앉아 속눈썹 위를 적셨다. 가방에 챙겨 넣은 우산을 주섬주섬 꺼내면서 하늘을 올려다보았다. 아무래도 오늘 하루 꽤 오랫동안 하늘이 우중충할 것 같았다.

 당신의 마음을 파악하는 일은 마치 먹구름 낀 하늘을 올려다보는 기분이었다. 속을 알 수 없었다. 언제 걷힐지도 모른 체, 나는 당신의 얼굴을 바라만 보아야 했다. 먹먹한 기분을 참을 수 없어진 나는, 결국 울면서 하소연하는 당신에게 짜증 섞인 목소리를 내뱉었다.

— *저번에도 말했듯이, 그렇게 우울하면 차라리 정신과 상담을 받지 그래? 맨날 울기만 하잖아.*

그러자 당신은 정말 거짓말처럼 울음을 그쳤다. 그 그친 울음에서 일말의 감정도 느껴지지 않았다. 원망도, 슬픔도, 아픔도. 아예 평생 나에게 기대지 않기로 작정한 사람처럼 나를 쳐다보았다.

그 이후로 당신은 나에게 단 한 번도 우는 소리를 하지 않았다. 지친다고도, 싫다고도, 힘들다고도 하지 않았다. 수시로 나에게 *"내가 우울해해서 지쳐?"* 라고 묻던 당신이, 이젠 입술을 굳게 다물어버렸다. 힘들어하는 게 뻔히 보이는데, 지난밤 혼자 운 듯 얼굴이 퉁퉁 부어있는데도 당신은 울지 않은 척했다. 그럼 난 또 그 마음이 서운해서 당신을 붙들고 윽박을 질렀다.

— *힘들면서 왜 힘들다고 안 해? 난 당신의 그런 점이 마음에 안 들어. 좀 기대라니까?*

내 말에 당신은 입술을 벙긋거리다 이내 다물고 말았다. 난 그때야 깨달았다. 언젠가 턱밑에 맺힌 눈물을 무표정으로 닦아내며 입술을 굳게 다물어버렸던 당신의 얼굴이 떠올랐다. 이미 당신은 그때 모든 걸 단념했던 것이다.

당신이 슬퍼할 때 내가 버팀목이 될 수 있을 줄 알았다. 그건 나만이 할 수 있는 일처럼 여겨졌다. 당신의 슬픔과 우울을 충분히 감내할 수 있을 줄 알았으니까. 그게 10년이 되고

20년이 돼도, 당신을 사랑하는 마음 하나로 버텨낼 수 있을 줄 알았다. 그런데 생각보다 그런 감정은 금세 식고 말았다. 소나기가 불길을 잡아내버리듯, 당신의 빗줄기 같은 우울도 나의 일렁이는 의지를 쉽게 꺼뜨렸다.

— *나한테 기대지 않으면 누구한테 기대게? 혼자 또 끙끙 앓으려고 하지?*

나는 한숨을 내뱉었다. 푸념, 어쩌면 조금 원망 섞인 목소리로…. 그러나 당신은 끝까지 입술을 벌리지 않았다. 나에게 기대도 되는데, 기대도 되는데…. 그때야 난 사탕을 뺏긴 아이처럼 아쉬운 말만 반복했다. 당신도, 그 누구도 호응해주지 않는 아주 외로운 혼잣말을.

그러자 당신은 무너질듯한 표정을 지으며 나를 올려다보았다. 금방이라도 울음을 쏟아낼 것 같은 표정이 되어서는 천천히 입술을 벌렸다.

— *당신에겐 말하기 싫어.*

우산 밖으로 손을 내밀었다. 아까 전보다 빗줄기가 조금 더 굵어졌다. 나는 젖은 한 손을 그러쥐고는 다시 주머니에 손을 넣었다.

모난 소리는 천둥번개가 되었고, 마음엔 시꺼먼 먹구름이 끼었다. 그 먹구름이 비가 되어 서로의 마음을 젖게 만들었다. 비에 젖은 마음은 오래도록 차갑게 얼어 있었다.

우리는 우리를 사랑하고 있었을까? 가슴 저미게 사랑한 순간이 있었다면, 우리에게 그런 순간은 언제였을까? 그렇면 지금 우리는 사랑하고 있을까? 우리의 사랑은 어디쯤에 있을까? 끝을 향해 떠밀려가고 있을까, 다니면 새로운 시작을 향해 항해하고 있을까?

우리는 온몸과 마음이 얼어붙고난 후에야, 서로의 얼굴을 마주 보았다. 눈물이 말라붙어 붉어진 얼굴들을.

차가운 마음을 비비며 살기 위해 애쓰는 당신을 안아주기에는, 우리가 너무도 멀리 와버렸다. 이제는 당신을 안아줄 수 없었다.

나는 참담한 마음으로 먹구름 낀 하늘을 올려다보았다. 이별이 혀 밑을 맴돌았다. 어쩌면 당신도 나와 같은 마음이었을지도 모르겠다. 이별을 언제 말할까 고민하는 한마디를, 우리 모두 애써 삼키고 있다.

다정한 거짓말

 내 입술에서 봄 향기가 났던 것은, 특유의 말씨 때문이었다. 당신은 내가 말을 참 예쁘게 한다고 했다. 그게 지금까지 날 놓지 않은 이유라고 했다. 하지만 당신은 전혀 알지 못했다. 이 다정한 거짓말에도 뼈가 있다는 걸.
 이 사랑의 기한도 임박해져오고 있다는 듯, 나는 조금씩 당신을 밀어내기 시작했다. 이제 더는 아픈 연애를 하고 싶지 않았다. 무수한 벚꽃잎이 사방을 별빛처럼 수놓던 밤, 시원한 봄 밤의 공기를 폐 가득 들이마시고 내뱉기를 반복하며 마음을 다 잡았다. 당신은 순진한 눈으로, 그저 내가 좋다는 눈망울로 나를 쳐다보았다. 어쩔 줄 몰라하는, 금방이라도 내 어깨를 낚아 채 껴안을 것만 같은, 당신의 사랑은 초조하면서도 조급하고 행복해 보였다. 나는 침착하게 숨을 고루 내쉬며 그런 당신에게 말했다. *이제 우리, 헤어지자.*

당신은 어떻게 사랑이 한순간에 변할 수 있느냐고 물었지만, 나는 그 물음에 대답하지 못했다. 내 어떠한 이유도 당신에겐 변명처럼 들릴 테니까. 그리고 당신은 말도 안 되는 변명과 나름 논리적인 답변을 늘어놓으면서, 어쩌면 누군가의 '탓'을 굴리면서, 애써 우리의 이별을 부정하려 들 테다. 그 부정이 싫어 여태껏 거짓말을 해왔는지도 모른다. 이별의 부정, 여전히 나를 사랑하고 있다는 그 무미건조한 고백들.

 그러다 결국 당신은 당신만의 사랑 논리를 펼칠 테고, 지난날의 내 사랑들을 부정할 것이다. *그게 아니라, 그건 말이야, 그 말은 말이야, 그때 그 행동은 말이야.* ***다 널 사랑했기 때문이야.*** 당신만의 사랑으로 지난날 내 기분과 감정과 상처들을 아무것도 아닌 것으로, 그저 당신의 사랑이 정당했다는 것으로 일축시키려 들 테다. 이제는 그런 말들에 반론을 뱉는 것도 지겨웠다. 당신은 이미, 당신이 상처받지 않기 위해 안간힘을 쓰고 있었다. 그 애처로운 발버둥을 물끄러미 내려다보는 내 마음은 처참하기 그지없었다. 당신은 살기 위해 아등바등거렸지만, 내 영혼은 이미 죽어 어느 강물에 떠내려가는 중이었기 때문이다.

 이제 나는 새롭게 다시 태어나고 싶었다. 죽은 육신을 바라보며 어디까지 떠내려가는지 지켜보고 싶지 않았다. 내가 얼마나 죽어가는지, 얼마나 바닥까지 내려가는지 바라보고 싶지 않았다. 내 시체가 끝없는 시간의 해일에 떠밀려가는 것을 지켜보는 동안, 당신은 끊임없이 당신만의 사랑을 지켰다. 이제 우리에게는 '우리'라고 불릴 사랑이 없었다. 그곳엔 오직 각자의 시간과 추억과 애증만이 뼛조각처럼 남아있을 뿐이었다.

— *이제 그만 날 놔줘.*

 내가 당신의 마음에 수많은 쐐기를 박을 동안, 당신은 천천히 침몰했다. *제발, 이러지 마.* 점점 무너지는 미간과 떨리는 입술과 내 손목을 꼭 잡은 두 손이, 물에 빠진 사람처럼 처절했다. 그동안 우리의 지난 사랑이라는, 추억이라는, 시간이라는 물살에 내 몸이 휩쓸려가는 동안 침묵으로 방관했던 당신이 떠올랐다. 나는 한참 물끄러미 그런 당신을 내려다보았다. 죽을 것 같이 헐떡이는 당신을, 제발 한 번만 봐달라며 울며 애원하는 당신을, 그 떨리는 손끝을, 이제 나는 완전히 외면할 수 있게 되었다. 나는 조금도 따뜻하지 않은 목소리로 당신에게 진심을 말했다.

— *잘 지내.*

 다정한 거짓말이 끝났다. 식어가는 중이던 우리의 사랑도, 당신도 그리고 당신이 좋아 죽던 그 옛날의 나도.

어떤 기억은 겨울의 마른 나뭇가지 같아

우리의 궤도

 내가 널 부지런히 사랑하는 동안, 넌 나의 궤도에서 더 멀리 떠밀려 나갔다. 궤도 밖으로 밀려 보내는, 보이지 않는 그 은근한 파동을 나는 알리 없었다. 네가 나에게서 점점 멀어질 때마다, 내 마음은 더욱더 조급해졌다. 사랑에 대해 제대로 알지 못했지만, 너에게 향하는 마음만큼은 사랑이라고 믿었다. 널 떠올리기만 해도 마음은 한 여름 몸살처럼 한기가 들었다가도 뜨거워지기도 했으니까. 개도 안 걸린다는, 한 여름 감기가 마음에 걸린 순간, 나도 그 사실이 믿기지 않았다. 내가 널 사랑한다니, 이렇게 허무하게 사랑에 빠지게 되었다니. 하루에도 몇 번씩, 네 생각에 머리를 젓곤 했다. 네 생각은 떠올릴 때마다 늘 새로웠다. 단 한 번도 네 생각이 지겨운 적 없었다.
 너는 내게서 차츰 멀어져 갔지만, 오히려 내 눈앞에 생생하게 살아 있었다. 그리고는 몇 번이나 내 가슴을 찢어 놓는 말을 했다.

— 난 널 친구로서 응원할 뿐이야.

 그 감정은 그저 나의 착각일 뿐이라고 했다. 단지 순수한 마음으로 날 응원하고 싶었다고. 난 아닌데, 네가 나에게 뜨거운 응원을 보내는 동안, 난 그 모든 시그널을 사랑으로 읽었는데…. 사랑으로 엮인, 진심 어린 관계라고 생각했는데…. 지친 내 마음을 어루만져주던 위로가 사랑이 아니었다니, 그 모든 게 단순히 나의 착각이었다니, 이토록 허망할 수가 없었다.

 넌 단지 내가 어리기 때문에 사랑을 몰랐던 거라고 얼버무렸다. 그 밤, 잇새로 새어 나오는 고백은 너의 붉어진 얼굴 앞에 주저했다. 내가 널 사랑하게 되리라곤 전혀 예상하지도 못했다는 듯이. 그리고는 황급히 등을 돌려 가던 길을 갔다. 마치, 절대로 그 고백을 입 밖으로 뱉어내지 말라는 듯이.

 너에게 사랑한다고 고백하는 것 자체도 내 이기심인 걸까? 아니, 어쩌면 너의 이기심인 걸까? 넌 우리가 계속 친구로 남아있길 바랬지만, 난 이제 네 친구가 될 수 없었다. 이미 내가 사랑에 빠져버린 순간, 지난날의 우정은 진즉에 어긋나버린 것이다. 마치 그라데이션처럼 수평선으로 내려갈수록 붉어지는 노을처럼, 서서히 걷히는 안개처럼, 먹구름 사이로 튀어나온 햇살처럼. 이제 더는 감출 수도, 지울 수도 없는 관계가 되었다. 내가 널 사랑해버린 모든 순간에.

넌 내게 직접적으로 말하진 않았지만, 네 야속한 눈빛은 이렇게 말하고 있었다.

 '왜 하필 사랑에 빠져버려선….'

 널 좋아하는 마음은 나도 어떻게 할 수 없던 건데. 그걸 꼭 내 탓이라고 비추는 것 같은 네 눈빛이 미웠다. 그리고 또 한편으로는 그런 널 온전히 미워할 수도 없었다. 그런 모습마저도 좋았다. 네가 날 원망하고, 미워하고, 싫어하는 그 모습마저도 넌 그저 사랑스러운 존재였다.

 친구로 남아있길 바라는 건 너의 이기심이었다. 난 죽어도 네 곁에 친구로 남아있을 수 없었다. 내가 자꾸만 널 욕심냈다. 너와 함께 있으면 심장이 터질 것 같고, 손을 잡고 싶고, 입술을 훔치고 싶고, 뜨겁게 껴안고만 싶었다. 파동에 떠밀려간 너를, 내 행성의 중력으로 있는 힘껏 끌어오고만 싶었다. 가지 마라고, 가긴 어딜 가느냐고. 하지만, 이런 내 욕심을 네가 순순히 받아들일 리 만무했다. 그런 관계 속에서는 어느 누구도 행복할 수 없었다. 널 가질 수 없는 나와 그런 내게서 벗어나려는 너의 발버둥만이 공허한 우주를 부유하고 다닐 테니까. 그래서 난 네 곁에 친구로도 남을 수 없는 것이었다. 네가 가진 모든 것들을 욕심낼까 봐. 날 바라보며 순수하게 웃을 널, 언젠간 부서뜨리게 될 테니까.

 네가 완전히 내 곁을 떠난 날, 이 부치지 못할 편지는 나의 궤도를 천천히 돌 것이다. 우주 밖으로 나가지도 않고, 내 품에 안기지도 않고. 어느 날 가끔씩 책상 위에 꺼내 놓고 읽으면서, 그렇게 잊힐 듯 잊히지 않게 내 곁을 떠다닐 테지. 그래도 괜찮다. 널 있는 힘껏 사랑할 수 없다면, 차라리 덮어둔 채로, 지난날을 천천히 음미하며 읽는 편이 나을 테니.

애쓰는 사랑

1.

 차가운 밤공기를 가르며 걸어가고 있었어요. 주변엔 아무것도 없는 어둠만이 안개처럼 짙게 깔려 있었죠. 아무리 눈을 비비고 씻어봐도, 그 칠흑 같은 어둠에서 별빛은 보이지 않았어요. 달빛에 의존해 달려왔던 순간들. 그게 맞다고 자신했던 저의 지난날들이 어리석게 느껴졌어요. 세상에 달빛이란 없었어요. 어떻게 걸어도 이게 맞는 줄도 몰랐어요. 길이 없는 텅 빈 운동장에서 길이라는 걸 찾아 배회하는 기분이었죠.

 — *어떻게 살아야 모든 걸 지킬 수 있을까요? 나도, 당신도, 우리 사랑도.*

 텅 빈 어둠에 대고 물어요. 대답은 돌아오지 않았어요. 수많은 밤 귀들도 정답을 알지 못했거든요. 그들은 가만히 내 목소리 경청만 할 뿐, 입을 굳게 다물어버렸어요. 그 침묵은 꽤 상냥했지만, 속상하기도 했어요. 내 마음은, 작은 목소리에도 지진이 난 것처럼 난리가 날 게 분명했기 때문이에요. 그만큼 절실했어요. 답이라는 것에 대해.

어떻게든 잘 이겨내 보겠다고, 나름대로 선택한 답이 있었어요. 그건 순전히 어둠 속에 파묻혀 죽을 것만 같던, 내 이기심과 욕심 때문이었어요. 그런데 죽지 않기 위해 선택하는 게 잘못된 일인가요? 저는 몹시도 죽을 것 같았어요. 뭐라도 선택하지 않으면, 평생 어둠 속에서 두려움에 떨 수밖에 없었으니까요. 온몸과 마음이 얼어붙어서, 어둠 속에 몸을 숨기고, 세상 밖으론 나오고 싶지 않았어요. 그렇게 점점 변해갔어요. 어둠에 익숙해질 때마다 마음은 더욱더 불안해지고 초조해지고 두려웠어요. 영영 밝은 세상을 마주할 수 없을 것만 같아서요.

저도 우리의 사랑이 어디로 흘러가고 있는지 모르겠어요. 익사하기 직전의 사랑을 건져내는 것만으로는 해결할 수 있는 게 하나도 없었죠. 막상 인공호흡을 하면요? 그럼 모든 게 다 괜찮아 지나요? 사랑이 있으면 모든 걸 견뎌낼 수 있나요? 아니요. 당신을 배려하고 생각할 만큼의 여유가, 나에겐 없었어요. 때론 그 사랑을 그저 죽게 내버려 두고만 싶었어요. 그런데 그럴 수 없으니까. 당신이 그렇게 내버려 두지 않을 테니까. 방관하는 내 몸을 밀어버리고. 죽기 살기로 그 사랑을 지켜내려 할 테니까. 그럼 그게 정답인가요? 우리의 사랑을 기어코 살리는 일만이?

 나도 나를 잘 모르겠어요. 나는 어둠의 어디쯤에서 배회하고 있는 건지, 내 바로 앞에 나무나 벽이 가로막혀 있는 것은 아닌지, 그래도 계속 걸어야 하는 건지, 걸어야 한다면 어느 방향으로 걸어야 할지. 선택이라는 건, 캄캄한 어둠 속에서 있지도 않은 빛을 찾는 기분이었어요. 성냥도 라이터도 아무것도 없는 제게, 저 알아서 두려움에서 탈출하라고 말이에요.

 어둠에 익숙해지고 싶지 않았어요. 매일 밤, 물속에 빠졌다 겨우 살아난 사람처럼. 언젠가 익사 직전의 사랑을 건져낸 것처럼, 저는 그런 밤들을 보냈어요. 잠시라도 사랑을 내버려 두어야만 했어요. 사랑 속에 살고 있는 당신의 눈빛과 우리의 관계와 지난 추억들을 잠시나마 덮어두어야만 했어요. 내 인생에서 사랑을 완전히 도려내야만 했어요. 온전히 나만 생각하고 싶었어요. 그래야만 내가 살 것 같으니까, 죽지 않을 것만 같았으니까요.

 나도 나를 잘 모르겠는데, 당신은 이제 겨우 살아 돌아온 나에게 또 다른 선택을 강요했어요. *이제 앞으로 네 플랜은 뭐야? 어떻게 살 거야?* 이제 겨우 죽다 살아온 사람에게, 당신은 그렇게 질문을 던졌어요.

 ― *이제 우리 사랑은 어떻게 해?* 라고.

 다만 저는, 저만의 시간이 필요했어요. 어둠에 익숙해질지, 빛을 찾아 떠날지. 저는 지금 아무것도 모르겠어요. 우리, 사랑에 한 발짝 물러서 있어요. 저에게 차분히 생각을 정리할 시간을 주세요. 우리의 사랑을 이어나갈지, 내려놓을지. 그 시간 속에서도 우리의 사랑을 지키기 위해 애써 볼 테니.

2.

우리가 그간 쌓아온 숱한 사랑을 지켜내기 위해, 지난 몇 달 동안 지독한 몸살을 앓았다. 갑작스러운 통보에 충격을 받았을 것도 당연했다. 갑자기 헤어지자니. 이렇게 쉽게 찢어질 거면, 애초에 여기까지 오지도 않았을 테다.

우리는 보이지 않는 이기심으로, 혹은 겉으로 보이는 배려라는 포장에 관계를 지켜왔다. 그 알량한 보호막이 그래도 꽤 제 구실을 했는가 보다. 깨지지 않길 바라면서도, 한 편으론 어떻게 해야 할지 답을 내리지 못한 날들이었다. 다만 사랑하기 때문에, 이 모든 것들을 감내해야만 하는 숙제로 여겨왔다.

잘 맞는 사람이라고 생각했지만, 어쩌면 우리는 그 누구보다도 잘 맞지 않는 커플이었는지도 모른다. 속은 곪아서 썩어가는데도, 단지 "사랑한다"는 이유 때문에 서로에게 진심이지 못했다. 온통 모든 것들이 거짓말이었다. 배려라는 포장 아래, 당신에게 상처 입히고 싶지 않은 이유로, 어쩌면 분쟁을 일으키고 싶지 않다는 회피가 더 큰 마음의 병을 키워왔는지도 모른다.

나도 모르는 사이에, 내 마음속에 피는 응고되고 있었다. 피가 단단하게 굳어 조그마한 암덩어리가 되었을 때는, 마음에 큰 돌이 얹힌 기분이었다. 그게 단지 참아온 이유가 이 모든 사태의 원인인 줄도 몰랐다. 난 그동안 잘 참는 사람이었고, 참아도 참는 줄 모르던 미련한 사람이었다. 모든 갈등과 원망과 우울도 한 여름의 소나기처럼 금세 지나칠 줄 알았다.

덕분인지, 때문인지 나는 결국 참아왔던 모든 마음이 터져 버리고 말았다. 이제는 "당신을 사랑했기 때문"이라는 말이 배려나 정으로 느껴지지 않았다. 모든 것들이 내게 따뜻한 상처를 입히기 위한 핑계처럼 느껴졌다.

― *나는 당신이 없으면 죽을 것 같은데, 왜 당신은 날 사랑하지 않아?*

당신의 원망 섞인 목소리를 들으면서도 내 마음은 미동조차 없었다. 응고된 피는 출렁거림 없이, 차갑고 단단했다.

― *글쎄. 왜 당신을 사랑하지 않게 되었을까?*

나조차도 답을 알 수 없었다. 어쩌면 어떤 날, 당신을 진심으로 다해 사랑했던 순간마저 나는 아팠던 게 아닐까? 그 일말의 진심조차 거짓으로 느끼게 만들 만큼, 나는 아주 많이 병들이 있었다. 당신의, 당신에 대한, 우리의 지난 모든 사랑에 대한 날들이 왜곡되어 보였다. 그때 사랑한다고 말했던 순간은, 정말 사랑해서 하는 말이 아니라, 단지 상처받고 싶지 않은 이유 때문은 아니었을까? 사랑한다고 말해야만 서서히 지쳐가는 감정을 포장할 수 있을 것 같아서. 은근한 배려, 거짓을 감추기 위한 고백, 옛 추억에 이끌리는 정 같은 것들. 과거를 포기하지 못해 끌고 온 덕에, 나의 현재가 무너지고 있는 줄도 모르고.

 나의 오늘이 무너지기 시작했고, 이제 나는 나를 지키지 않으면 안 됐다. 당신의 손끝이 내 어깨에 닿는 순간, 나는 오래된 석상처럼 부스러지는 느낌이 들었다. 온몸과 마음이 돌처럼 단단하게 굳어, 해풍을 맞고 바스러지기 직전의 모래 석상이 되었다. 이제 더는 내게 사랑이라는, 마음이라는 이유만으로 다가오지 않았으면 했다. 당신뿐만 아니라 그 누구도.

 따뜻한 상냥함만으로 나는 충분히 부서지고도 사라질만했다. 제발 그만해, 사랑이라는 고백으로 나를 폭력 하는 짓 따위. 당신의 사랑고백이 진심이었대도, 나에겐 뜨겁게 와닿지 못했다. 지금 나에게는 뜨거운 사랑고백도, 차가운 냉소도 아무런 영향을 미치지 못했다. 그런 온도의 차이로 내 마음을 바로잡기에는, 그 감정이 너무나 평면적이었다. 난 조금 더 입체적으로, 사랑 외의 여러 가지 복잡한 생각들을 정리해야만 했다. 내가 이토록 지쳐버리게 된 이유, 헤어져야만 하는 이유, 죽을 것만 같은 이유를 나도 도무지 알 수가 없으므로. 당신과 우리의 세계를 지키기 이전에, 우선 내가 먼저 살아야겠으므로.

 이제는 사랑이라는 이름에 가려, 나의 오늘을 무너뜨리고 희생시키는 것 따위 안 하고 싶다. 언젠가 나는 이런 나의 마음을 당신이 이해해주길 바랐다. 하지만 그마저도 사치라는 걸 깨달았다. 당신은 여전히 당신과 우리의 세상을 지키고 싶어 했다. 하지만 당신이 말하는 우리의 세상이란, 이미 지난 추억이 되었다. 당신이 죽기 살기로 당신의 세상을 지키는 동안, 나의 세상도 함께 보살펴달라고 말하지 않으련다. 나의 세상은 그 누구도 지켜주지 못하니까. 그게 설령, 내 온몸과 마음을 다해 사랑했던 당신일지라도.

침몰

 널 만나 그저 행복하기만 했다고 단언할 수 있을까. 벌어진 틈새로 보이는 우리의 얼굴은 전혀 행복하지 않았다. 서서히 그렇게 벌어져 무너지기 시작한 관계에서도, 끝을 향해 치닫는 와중에도, 우리는 우리를 행복하다고 여겼다. 괴로워 눈물짓고, 밤새 끓는 속을 쥐어뜯어도 왜 우린 행복하다고 말할 수 있었을까? 어두운 새벽, 그 어느 때보다 시린 몸과 마음을 제 스스로 달래면서 우린 왜, 대체 왜.

 네 향기는 마치 부서진 유리조각처럼, 보이지 않는 곳에서 반짝였다. 그 얕은 향기가 이따금 코끝을 꽤 오래, 진득하게 붙어 다녔다. 너 없이 잘 살 수 있을 것 같으면서도, 이따금 네 향기가 기억의 회로를 타고 밀려들 때면 속수무책으로 무너져 내리곤 했다. 아니, 너 없이는 절대 살 수 없을 것 같아. 그 긴 밤 괴로움에 휘몰아치는 두려움이, 그리고 잊히지 않는 지난 기억들이 가슴에 꽉 메여 있었다. 단지 널 사랑했단 이유 때문이 아니라, 우리가 사랑했던 한 때가 시간이 흘러도 집요하게 좇아 다닐까 봐 무서웠다. 영영 널 잊지 못할까 봐, 이대로 침몰해 죽게 될까 봐.

몸을 감싸는 선명한 향기와 향기를 따라가는 기억의 조각들이 긴 밤동안 억눌려 있었다. 억겁의 밤이 쌓이면 모든 걸 다 내려놓고 싶었다. 널 포기하고 싶다가도, 널 사랑하고 싶다가도, 그 용기가 없어 다시 또 널 버리는 상상을 했다. 십 수 번의 버림 속에서도 너는 끝까지 모르겠다는 눈망울로 나를 바라보곤 했다. 벌어진 틈새로, 양손을 벌려 내게 손짓하면서, 이리 와 내 옆으로, 친절한 네 목소리가 귓가를 잔인하게 파고들었다. 내 마음은 그게 아닌데. 나는 언제든 널 버리고, 널 짓이기고, 널 상처 입히고 떠날 준비가 되어 있는데. 총성이 들리면 피니시 라인을 향해 맹렬히 돌진할 텐데. 넌 그런 미래 따위 아무래도 상관없다는 듯, 차가움보다 뜨거움이 더 간절하다는 듯, 상처보다 사랑이 더 중요하다는 듯 그렇게 어리숙한 눈빛을 지우지 않았다.

나는 더 깊은 몸살을 앓았다. 온몸에 기운이 빠지고, 아련한 현기증이 밀려들었다. 몸이 제 무게를 가누지 못해 고꾸라지고, 백 미터 달리기를 끝낸 사람처럼 숨을 헐떡였다. 울음을 참으려 두 손으로 입을 들어 막아도, 눈새로 눈물이 비집고 흘러나왔다. 난 단지 누구도 상처받지 않길 바랐는데. 내가 상처를 다 떠안고 버티고 싶었던 건데. 그 버팀이, 지옥 같은 억겁의 밤을 쌓고, 또 쌓았다. 이제 더는 버틸 수 없었다. 어둡고 우울한 밤이 파노라마처럼 펼쳐져 주변을 가렸다. 나는 매일 어두운 밤 속에 살았다. 나만 상처받으면 된다는 그 안일하고, 위선적인 태도로 고통스러운 하룻밤을 십수 년처럼 흘려보냈다. 이젠 지쳤다. 널 사랑하는 일도, 널 포기하는 일도, 그 사이에 선택을 하지 못해 우물쭈물하는 나의 애매한 태도도.

 신중해지고 싶었다는 말은 어쩌면 상처 입고 싶지 않은 나의 방어기제였을 테다. 우리의 사랑에 끝이 온다면, 나는 더는 누군갈 사랑하고 싶지 않다. 누굴 열렬히 사랑하는 것도, 가슴 찢어지는 이별을 하는 것도, 어둠에 둘러 싸여 복잡하게 골몰하는 것도. 차라리 감정을 모르는 사람이 되었으면 좋겠다. 사랑하는 감정을 까먹게 돼도 좋다. 칠흑 같은 밤에서 헤어 나오기 위해서는, 영원한 사랑의 종식을 선언해야 할지도 모르겠다고.

운명에 대하여

"예전에 누구도 당신을 사랑하지 않은 것처럼 당신을 사랑할 테야" - 빌리 홀리데이 〈*Come Rain Or Come Shine*〉 중에서

 운명을 믿지 않는다면, 당신의 시들한 감정을 설명할 길이 없습니다. 전생에 어떤 인연이었는지, 이 질기고 질긴 인연의 끈을 차마 끊어내지 못하고 현생까지 끌고 왔습니다. 그리고 나는 또 한 번, 바보처럼 당신을 믿기로 했습니다.
 세상이 끝날 것처럼, 마지막 사랑인 것처럼 내달렸던 모든 순간들엔 진심이 있었습니다. 그 진심 속에는 언제나 어린아이들의 유치한 연애 테스트처럼, 운명을 찬양하는 마음이 매달려 있었습니다. 그래도 우리가 만나게 된 데는 특별한 사유가 있었지 않았겠느냐고, 떠나가버린 당신을 에둘러 좋게

포장하려 했습니다.

 운명을 믿느냐는 말장난에는 언제나 굶주린 사랑이 있었지만, 그래도 당신 앞에서는 애걸하지 않으려 했습니다. 누군가는 사랑에도 갑과 을이 존재한다고 했으니 말입니다. 나는 늘 당신에게 갑인 것처럼 굴었지만, 보이지 않는 마음의 틀 안에서는 언제나 내가 을이었습니다. 혹시 내 작은 실수 때문에 당신과의 관계가 틀어지게 될까, 늘 노심초사했습니다.

 오히려 당신이 자유로운 영혼이었고, 나만이 당신에게 속박되어 있었습니다. 그 귀속은 생각보다 답답하지는 않았습니다. 나의 정신과 영혼은 온통 당신에게 매료되어 있었습니다. 모든 날들이 좋았고, 모든 날들이 상처였습니다. '양보'라는 좋은 말로 당신에게 무한한 마음을 표현했습니다. 그러나 그걸 누구는 '바보같은 짓'이라고 하더군요.

 최선을 다해 사랑했던 것 말고는 제 지난 사랑을 표현할 방법이 없습니다. 예전에 누구도 당신을 사랑하지 않는 것처럼 당신을 사랑하는 일은, 그야말로 한없이 내어주는 것이었습니다. 이걸 '익숙해졌다'고 해야 할까요? 그렇게 시들어져 갔던 사랑은 결국 매듭을 지었습니다.

 우리의 만남도, 우리의 이별도 모든 것을 영화처럼 아름답게 말하고 싶었는지도 모르겠습니다. 당신을 만나 사랑하고 울적해졌지만, 그 속에도 배움이 있었다는, 한 편의 드라마 같은 결말 말입니다. 그러나 그건 정말이지 바보 같은 생각이었습니다. 그 속에 배움은 없었습니다. 나는 또 누군가를 처절하게 사랑할 것이고, 또 바보처럼 서글프게 울 것입니다. 나의 사랑 방식이 그런 것을, 어떻게 표현할 방법이 없어 '운명'이라고 이름 지어 버린 것일 테죠.

그래도 이런 바보 같은 사랑이라도, 나는 아직 당신이 좋습니다. 당신에게 사랑을 배우고, 또 당신에게 아픔을 배우겠지만, 나는 또 한없이 내어주기만 할 테죠.

어느 날 당신이 다른 사람이 좋다며 떠나버렸던 밤, '왜 나는 그 사람보다 못할까' 하며 자책했던 순간들이 머릿속을 스쳐 지나갑니다. 이제야 객관적으로, 당신에게 집착했던 나로부터 벗어나 온전한 나를 볼 수 있게 되었습니다. 그래도, 그런 시간이었더래도, 저는 그때의 저를 이해할 수 있겠습니다. 바보 같지만, 당신이었기에 사랑할 수밖에 없었음을.

― *우리, 다시 만날까?*

홀연히 내 곁을 떠나버린 당신이 어느 날 불쑥 눈앞에 나타났을 때는, 그 심경을 이루 말할 수가 없습니다. 다시 받아주면 바보, 멍청이라는 주변의 말도 무색해졌습니다. 사랑은 역시 원초적인 감정에 매어있는 녀석입니다.

― *이제는 내 곁을 떠나지 않겠다고 약속해.*

나는 못이기는 척, 당신의 고백에 또 넘어가버렸습니다. 그 숱한 상처와 아픔마저도, 지난날의 아름다웠던 사랑의 기억이 덮어버렸습니다. 마치 밀려드는 해일에 쓸려가는 모래사장처럼.

온몸과 마음 상처를 안고 온 당신을 껴안으면서, 다시 또 다짐했습니다.

이제는 당신이 내 곁을 떠나지 않도록 하겠다고.

기차역에서

 눈발이 흩날리던 어느 겨울날이었다. 사람들이 오가는 기차역에서 쿵쾅거리는 마음을 애써 추슬렀다. 분명 오기로 했는데, 오기로 했는데…. 차마 잊지 못한 문장은 입가에 한동안 걸려있었다. 몇 번이나 기차를 그대로 보냈는지 모른다. 누구에게도 말할 수 없던, 애가 타는 사랑에 결말은 결국 이렇게 으스러지고 말 것인가. 내 선택이 틀리지 않았다고, 널 사랑하는 것이 정답이었다고 증명해내고 싶었던. 그날 겨울은 그 어느 때보다도 추운 칼바람을 한없이 내쉬고 있었다.
 귓가를 간지럽히던 너의 목소리가 떠나지 않았다. 몸에서 멀어지면 마음에서도 멀어진다고 했던가? 하지만 그 말은 나의 사랑에선 통하지 않았다. 마치 일 년 사이 키가 한 뼘 더 자란 아이가 입은 바지처럼, 우리의 사랑은 복숭아뼈를 훌쩍 올라선 바지 밑단의 위치같은 사랑이었다. 서로 상처

주고, 의심하는 그런 장거리 연애가 아니었다는 말이다.

우리의 연애는 성숙했다. 하루가 마다하고 널 보러 기차에 몸을 싣지 않아도, 며칠 씩 영상통화를 하지 않아도 좋았다. 밤에 잠들기 전, 자장가를 불러주던 네 목소리에 심취하는 것만으로도 충분히, 나는 이 사랑을 지켜낼 수 있었다.

같은 날, 같은 시간, 같은 공간에서 첫눈이 오는 모습을 바라보지 않아도 좋았다.

— *밖에 첫눈 온다, 보고 있어?*

— *응, 보고 있어.*

뜨거워진 전화기 너머로 들려오는 네 목소리가 가슴이 아플 정도로 좋았을 뿐이었다.

그런 어느 날 갑자기 너에게서 연락이 오지 않았을 때, 나는 점진적으로 초조해지기 시작했다. 처음엔 화가 났다. 떨어져 있다고 나를 우습게 생각하는 것은 아닌지, 나에게 너무 소홀해진 건 아닌지. 화는 점점 서운함으로, 서운함은 점점 걱정으로, 우울함으로, 초조함으로, 두려움으로 바뀌었다.

불안함이 눈처럼 쌓여가며 한 달이 되었다. 얼었다 녹았다를 반복하며 얼음이 되어버린 내 마음 속의 계절을 바라보면서, 흙먼지를 뒤집어쓴 그 얼음 덩어리를 바라보면서, 나는 몇 번이고 두려움을 삼켰다. *무슨 일이 있는 거겠지, 내게 연락하는 걸 잊을 사람은 아니니까, 괜찮을 거야, 괜찮아 난….*

- 나 지금 올라갈 건데. 역으로 와줄 수 있어?

어떤 기억은 겨울의 마른 나뭇가지 같아

연락이 닿지 않는 너에게 일방적으로 문자를 보냈다. 너와 정확하게 약속을 맺은 건 아니었는데, 나는 네가 그 문자를 반드시 읽었을 것이라고 생각했다. '*와줄 수 있어?*'는 '*와야만 한다*'로 바뀌었다. 그렇게라도 생각하지 않으면, 지금 당장이라도 쓰러져 죽을 것만 같았다.

조마조마한 심장을 붙잡고 기차에 올라섰다. 창밖에 어지럽게 흩어지는 함박눈을 보았다. 너와 함께 보고 있다고 생각했을 때는 아름답게 느껴지던 것들이, 지금은 사납고 무섭게 보였다. 그 눈보라는 거대한 해일이 되어 내 몸과 영혼을 집어삼켰다. 내 주변이 온통 추운 겨울이었다. 창밖도, 몸도, 마음도.

수많은 사람이 오가던 기차역이 점점 한산해지기 시작했다. 이제 더는 기차 시간을 미룰 수 없었다. 막차에 가까워져 올 때쯤, 나는 내 영혼을 극적인 상상 속으로 처참하게 밀어 넣었다. 네가 달려오는 모습, 두리번거리며 나를 찾는 모습, 우리의 두 눈이 마주치는 모습, 네가 달려와 넓은 어깨로 나를 안아주는 모습, 온몸이 으스러질 정도로 껴안으며 속삭이는 모습, 미안하다는 너의 말에 사랑한다고 말하는 내 모습, 막차를 떠나보내는 모습…. 수많은 모습이 조각조각 쪼개져 머릿속을 휘젓고 다녔다. 마치 밖에 흩날리는 어지러운 눈보라처럼.

너는 결국 역에 오지 않았고, 나는 마지막 기차를 탔다. 기차를 타고서야 비로소 나는, 눈물을 쏟아냈다. 몇 사람 타지 않은 한적한 기차 안에서 코를 훌쩍이며 숨죽여 울었다.

나만 바보같이 널 사랑했던 걸까?

널 사랑하는 게, 결국 틀렸던 걸까?

역시 몸이 멀어지면 마음도 멀어지는 것인가….

코트가 눈물로 축축이 젖었다. 그렇게 한참을 울고, 또 울었다.

고통스런 낭만

 살다 보면, 마음을 먹먹하게 하는 추억들이 떠오르곤 한다. 난장판인 결말에 정면으로 몰아붙인다고 해도, 가끔은 그 순간을 마주하고 싶을 때도 있었다. 왠지 다시 돌아가면, 결말을 번복할 수 있을 것 같았다. 운명에 맞서 무딘 칼자루를 쥐는 무식한 용사처럼, 과거에 쉽게 굴복할 수 없는 시간들…. 그만큼 내 몸과 마음을 무너뜨려서라도 반드시 지켜내고 싶은 사랑이 있었다.

 차갑게 느껴지는 밤공기에 누군가의 따뜻한 훈김이 목덜미에서 부서졌을 때, 머릿속으로 수많은 생각들이 부딪혔다. 직진할까, 후퇴할까, 가만히 멈춰 설까? 그때만큼은 진취적으로 나설 수도 없었다. 이 위태로운 관계가 쉽게 부서져버릴까 두려웠기 때문이었다. 나는 아주 연약한 생명체를 두 손에 그러쥔 듯 안절부절못했다. 어떤 말을 꺼내야 할지, 어떻게 행동해야는 지도 몰랐다. 주변 사람들은 하고 싶은 대로 하는 게 오히려 자연스러워 보인다고 했지만, 나는 늘 당신 앞에서 나사 하나 빠진 로봇처럼 부자연스러웠다. 그러나 그땐, 부자연스러움을 차치하고서라도 무조건 직진해야만 했다. 지금 당신을 놓쳐버리면, 당신을 붙잡지 않으면, 당신을 껴안지 않으면, 당신은 자유로운 나비처럼 또 다른 꽃을 향해 날아가버릴 것만 같았다. *가지 마. 여기 있어.* 내게 그 순간은 그 어느 때보다도 당돌하고, 뜨거운 시간이었다.

 몇 번의 뜨거운 밤이 흐르고, 몇 번의 차가운 해가 떴다. 모든 게 어설펐고, 부족했던 날들이었다. 어렸기 때문에 용서할 수 있던 실수는, 당시에는 용납할 수 없었다. 그러나 나의 성격은 늘 나에게는 빡빡하게 굴면서, 남에게는 관대했다. 특히나 잃고 싶지 않은 관계에서는 더욱 그랬다. 당신의 모든 실수를 용서했다. *그래도 괜찮아. 이래도 좋아. 그래, 네가 다 옳아….* 때론 당신의 판단을 이해할 수 없을 때도 있었다. 그러나 나는 무조건 다 좋다고 머리를 끄덕일 수밖에 없었다. 그것만이 당신을 잃지 않는 유일한 방법이라고 믿었으니까.

 결전의 순간은 단 하루 만에 들이닥쳤다. 끝내 터져버린 화가 모든 관계를 망가뜨리고 말았다.

 — *제발 내 말 좀 들어주면 안 돼?*
그날 선 목소리가 우리의 관계를 부숴버렸다.

 — *나 사실 하나도 괜찮지 않아. 날 사랑한다면 제발, 네 멋*

대로 구는 짓 좀 그만해.

 당신은 자유로운 나비였고, 나는 제자리에 붙박여 있는 꽃이었다. 아무리 달콤한 향기를 뿜어낸 들, 당신의 마음을 온전히 붙잡을 수도 없었다. 혹여나 어느 날 갑자기 홀연히 당신이 떠나가버릴까 두려운 마음에, 내 성에도 차지 않는, 이해도 되지 않는 심정으로 당신을 붙들었다. *괜찮아, 좋아, 다 좋아…*. 그 엉터리 같은 말 몇 마디로 당신을 붙잡을 수 있다고 생각한 게 어리석었다.

 당신이 나비처럼 떠나고 난 뒤, 나의 계절은 차갑게 얼어붙는 겨울이 되었다. 그러나 이따금, 당신에게서 연락이 올 때면 나의 계절은 이듬해 새싹을 틔우는 이른 봄이 되었다. *잘 지내지?* 그저 가벼운 안부만으로도 나는 고통스러운 낭만 속에 헤엄쳤다. *응, 나 잘 지내.* 그 인사를 끝으로 나의 계절은 또다시 냉혹한 겨울로 돌아갔다. 그런 날들이 몇 번이고 반복되었다. 당신이 내 마음을 가지고 노는 것이라도, 남 주기 아까운 못된 심보래도 어쩔 수 없었다. 내 시간은, 당신에게 소리치던 마지막 밤에 멈춰 있었다.
 ― *제발 내 말 좀 들어주면 안 돼?*
 다시 너를 견뎌볼 기회가 왔으면 좋겠다.

연약한 믿음

 때론 마음만으로는 해결되지 못하는 것들이 있다. 그냥, 내가 마음먹는다고 해서 크게 달라지는 일도 없었다. 우리는 모두 마음의 문을 걸어 닫고 살았다. 내가 네 마음을 모르듯이, 네가 내 마음을 모르듯이, 우리가 서로에게 무심했듯이….

 사랑이라는 감정은 거짓말 같았다. 아니, 어쩌면 고전소설 속에나 등장하는 이미 닳고 닳아진 옛것의 감정 따위였다. 적어도 우리에겐 그랬다. 손끝에 스치는 설렘 따위 뜨거운 냄비에서 증발하는 알코올처럼 금세 날아가버렸다. 네 목에 코를 박고 킁킁거려도, 그 예전의 사랑스러운 향기는 나지 않았다. 너한테서만 나던 좋은 향기가 있었는데…. 내가 그 향기를 잊어버렸던지, 네가 네 향기를 잃어버렸던지, 누가 원인인지도 몰랐다. 나는 이 사랑의 방향에 갈피를 잡지 못한 채, 그저 애꿎은 네 탓만 했다.

 너의 모든 것들이 싫증 났다. 종이를 구겨놓은 것 같은 너의 까치집 머리도 싫었고, 겨드랑이에서 풍기는 땀냄새와 반쯤 파먹은 손톱도 싫었다. 눈 밑에 난 점도 싫었고, 엊그제 배꼽 옆에 물린 모기 자국도 싫었다. 생긋거리던 네 표정은 갈수록 시들어져 갔다. 타 죽을 것 같은 뜨거운 여름에서 차가운 눈보라가 휘몰아치는 겨울로 쏜살같이 달려 간 것 같았다.

 이제 우리는 여기까지 해야만 했다. 구질구질한 사랑, 새로운 사람을 만나면 달라지려나 했다. 나의 이런 마음에도 너는 변동이 없었다. 되려 왜 자길 버리느냐며 울음을 터뜨렸다. 내가 너의 손을 놓은 것은 이번이 처음이 아니었다. 나는, 아니 우리는, 천천히 서로 잡은 손을 풀고 있었다. 손 끝에 너의 온도가 느껴지지 않기 시작한 것은, 이제 더는 네 얼굴을 봐도 떨리지 않게 되었을 때였다. 그건 너도 똑같은 마음이었을 테다. 우리가 어느 순간부터 설레지 않게 되었다는 걸 깨달은 순간부터.

 그러나 이런 질기고 질긴 사랑에도 너는 끝까지 이 사랑을 지키려 했다. 우리는 분명 다를 것이라고, 이런 뻔해 빠진 사랑이라도 끝은 행복할 거라고. *그 끝이 뭔데?* 내 물음에 너는 명확하게 답을 내리지도 못했다. 우리가 이별을 택하지 않는다면, 이 사랑의 종착지가 어디로 향하고 있을지 알고 있었다. 그러나 그 누구도 그곳에 가자고 먼저 말하지 않았다. 나는, 아니 우리는.

이별을 고하고 집에 돌아오는 길에 맥주 한 캔을 샀다. 앉은 자리에서 벌컥벌컥 술을 들이켰다. 분명 너와의 관계는 아무것도 아니었는데, 이제 아무것도 아닌 일이 아니었다. 특별하지 않다고 생각했는데, 아주 특별한 것이었다는 걸…. 맥주 몇 캔을 들이켜고, 몇 날의 밤이 지나고, 몇 번의 눈물과 후회에 잠기고 나서야 깨닫게 되었다. 다시 너에게 전화를 걸었다. *우리 결혼할래?* 결국 내가 먼저 이 긴 사랑의 종착지를 먼저 내뱉었다.

그렇게 우리는 또 홀린 듯이 다시 만났다. 다시 만나 또 서로의 사라진 향기를 찾아다니며, 왜 이렇게 변해버렸느냐며 각자의 탓을 하겠지만, 우리는 끝내 다시 만났다. 이제 나는 더욱더 사랑을 모르게 되었다. 나는 아직도 이게 사랑이었던 건지, 사랑하는 중인지, 사랑인 척 하는 건지 모르겠다. 다만, 넌 날 배신하지 않을 것 같으니까. 이 믿음만으로 널 사랑하기로 했다.

어떤 기억은 겨울의 마른 나뭇가지 같아

부재

 마음까지 추운 계절이다. 창밖은 차갑게 부서지는 겨울인데, 내 마음은 뜨겁게 녹아 누군가에게 엉겨 붙고 싶어 했다. 단순히 푹 잠을 자고, 맛있는 밥을 먹는 것만으로는 채워지지 않는 허기였다. 일을 마치고 집에 들어설 때 밀어닥치는 그 어두운 적막과 소음 하나 없는 고요 속에 정신은 오히려 아득해졌다. 코트를 벗어 행거에 걸어두고, 습관처럼 침대에 드러누웠다. 사람의 다정한 말소리, 누군가의 잔소리가 이토록 그리웠던 적이 있던가. 가운데가 움푹 꺼진 베개를 끌어안으며 얼굴을 비볐다. 차가운 손끝은 금세 따뜻해질 기미를 보이지 않았다. 윗집 아이들의 재잘거리는 소리가 화장실 환풍구를 통해 스며들어왔다. 이 집이 소름 끼치도록 고요해서, 그런 소음이라도 있어야 사람처럼 사는 기분이 들었다.
 뜨거운 보이차에 찬물을 조금 섞어 마시며 창밖을 보았다.

누군가의 울음소리처럼 불어대는 바람은, 베란다 창틀에 쌓인 눈을 치고 지나갔다. 씻지도 않은 채로 거실 벽에 기대앉았다. 늘 이맘때면 네가 건조기에서 빨래를 꺼내며 *"수건은 동그랗게 마는 게 아니라 네모지게 접어야 한다"*라고 잔소리를 할 시간이었다. 그땐 그런 잔소리가 듣기 싫었는데, 지금은 그런 목소리라도 듣고 싶었다.

 함박눈이 온 하늘을 뒤덮어 달이 보이지 않았다. 하얗게 기우는 손톱 달을 보면서, 왜 눈이 오지 않느냐며 툴툴거리던 네 입술이 떠올랐다. 화이트 크리스마스를 기대했는데, 눈이 오지 않는다고. 눈이 오는 날 사진을 예쁘게 찍는 법도 찾아놨는데, 쓸모없게 되었다고. 그때라도 네 모습을 사진으로 조금 찍어 둘 걸. 우리는 오랜 세월 결혼을 전제로 연애를 해오면서, 그 숱한 사진 한 장 찍지 않았다. 특히나 겨울에 찍은 사진이 없었다. 추우니까 집 밖에 나가지 말자는 게 서로의 이유였다.

 그게 어쩌면 화근이었던 걸까? 네 마음이 차츰 식어가게 된 게…. 몇 겹의 계절을 보내며 너는 점점 너 자신을 미워하고, 증오했다. 그렇게 좋아하던 일도, 삶도 재미가 없어졌다고 했다. 처음엔 자책을 하다가, 그렇게 점점 무기력해져 갔다. 겨울이면 내게 따뜻한 목소리로 위로를 건네던 네가, 이제는 가시 돋친 비난을 자신에게 쏟아내고 있었다. 몸에는 네가 자해한 상처들로 채워지기 시작했다. 내가 아무리 따뜻하게 품어주려 해도, 그건 내가 할 수 있는 영역이 아니었다. 그런 어느 날, 거실에서 칼을 들고 나를 바라보던 네 모습을 마주했던 때, 나는 덥석 너를 껴안았다. 애써 무너지는 가슴을 누르며 네게 말했다. 요즘 정신과 진료를 받는 게 이상한 세상은 아니라고, 누구나 마음이 아프면 병원에 갈 수 있는 거라고…. 그날 떨리는 손으로 고개를 끄덕이던 넌, 분명 나에게 다음 주에 병원에 가기로 약속했었다. 절대 나쁜 생각하지 않기로, 다시는 자신을 해하는 끔찍한 상상 따위 하지 않겠다고. 그러나 너는 끝내 약속을 기다려주지 않았다. 그 날 밤, 너는 그토록 꿈꾸던 자유를 향해 떠났다. 아주 긴 꿈 속으로. 너는 그렇게 겨울바람에 흩어지는 함박눈처럼 내 곁을 떠났다.

첫겨울의 너는 이듬해 봄처럼 생긋했는데, 마지막 겨울의 너는 잿빛으로 하얗게 타고 말았다. 눈물은 나지 않았다. 네가 없으면 못 살 것 같았는데, 세상은 어떻게든 살아졌다. 시간은 한 생명의 증발 따위에도 무심하게 흘러갔다. 그렇게 조금씩 무뎌졌다고 생각했는지도 모르겠다. 그렇게, 너 없이도 잘 지내고 있다고 생각했는지도 모르겠다.

올 겨울의 첫눈을 보고 나서야 나는, 천천히 가슴이 뜨거워지기 시작했다. 화이트 크리스마스를 무척이나 고대했던 넌데. 우리가 함께 맞는 크리스마스에는 한 번도 눈이 오지 않다가, 네가 없는 크리스마스가 되어서야 비로소 눈이 왔다. 마치, 그동안 내리지 않은 눈에 대한 보상을 한꺼번에 쏟아내기라도 하듯이. 그때야 나는 너의 부재를 실감했다. 움푹 들어간 베개와 네모지게 접는 수건과 소름 끼치게 적막한 이 집에서. 네 이름을 다정하게 부르며 창밖을 보라고 말할 수 없는, 그 창밖을 바라보는 네 얼굴을 볼 수 없는, 그 뜨거운 마음을. 나는 턱밑에 뜨거워지는 감정을 삼켰다. 이제 네가 이 세상에 없다는 걸 인정하고 싶지 않았던 걸까. 눈물이 터져 나오려는 걸 삼키고, 삼키고, 삼켰다. 비집고 나오는 눈물은 턱밑으로 속절없이 흐르는데도, 나는 계속 삭히고, 삭히고 또 삭혔다.

본래의 온도

 단지 나는 사랑받고 싶었을 뿐인데, 지금 생각해보니 욕심이었는지도 모른다. 나도 모르게 선을 긋게 됐던 건, 혹여나 너에게 상처를 주지 않을까 염려했기 때문이었다. 삶을 살아오면서 숱하게 누군가에게 상처를 주었고, 상처를 받았다. 상처뿐인 이별을 허락하고 싶지 않았.

 너에게 애매하게 드러내 보인 마음에는 아주 불친절한 관심이 비쳤다. 그 관심은 착각과 오해를 불러일으키기에 충분했다. 서로의 마음을 건드리는 호기심을 순수함이라 부르기에는, 너무 많은 삶을 지나쳤다. 그 지나친 삶에는 아찔한 인연도 있었고, 가슴 아픈 사랑도 있었고, 분노케 하는 이별도 있었다. 이해할 수 없는 결말 뒤에는 꿰맬 수 없이 찢어진 상처만 남았다.

 마음이 이끄는 대로 널 붙잡을 수도 없었다. 이제 우리는 한 두 살 먹은 어린아이가 아니었기에 선택에는 책임이 따랐다. 내가 너의 마음을 붙잡는데도 충분한 설명이 필요했다. 단순히 사랑한다는 말만으로 우리의 관계를 응집시킬 수는 없었다.

 오랜 시간 너와 함께하면서 나는 차츰 내 마음을 오해해 왔다. 단순히 친한 사이라고 생각했는데, 어쩌면 나는 널 좋아하고 있었던 건 아닐까 그건 친구 이상의 마음이 아닐까. 그렇다면 나는 어떤 선택을 해야 할까? 그런데 자신이 없었다. 내 영혼을 다 빼내 보일 만큼 열렬히 널 사랑할 자신이.

 삶은 사랑만으로 움직일 수 없었다. 세상은 사랑에 굶주려도 어떻게든 살아갔다. 고철덩어리 같은 마음이라도, 공허하고 텅 빈 하루를 꾸역꾸역 살아낼 수 있는 것이었다. 문을 열고 집에 들어섰을 때 느껴지는 냉기와 요리를 해본 지 오래된 깨끗한 부엌과 차가운 이불속에서 살아가는 게 익숙해진 삶이었다. 그곳에 너 하나 들어온 들 크게 달라질 것 같지 않았다. 아니, 애써 그런 마음을 추스르는 것이 나았다. 책임에 대한 회피라고 해도 좋았다. 난 아직 그 대단한 사랑을 지켜낼 용기가 나지 않았으므로.

 집에 들어오자마자 보일러부터 틀었다. 집안이 이상하게 춥다 했더니, 베란다 문이 조금 열려 있었다. 소금 같은 눈이 베란다 앞 시든 화분 위에 쌓여 있었다. 눈이 흘러든 모양이었다. 발끝에 화분의 냉기가 타고 올랐다. 베란다 문을 닫으며, 나는 한참 얼어붙은 화분을 내려다보았다. 생명의 호흡

하나 느껴지지 않는, 차갑게 언 화분을.

 단지 사랑을 받고 싶었다. 그런 욕심을 잠깐 부려보았다. 너의 손을 잡아보고 싶었던 것과 따뜻한 품에 안겨보고 싶었던 것과 차가운 뺨을 어루만져주고 싶었던 것들. 소소하지만 어쩌면 그 무엇보다 뜨겁고 가슴 설렐 것 같은 행위들을. 머릿속에 필름을 펼쳐놓고, 조각조각 잘라 내려다보는 것을. 마치 차갑게 얼어붙은 화분을 내려다보듯, 나의 기분이 그랬다. 시린 발을 이불속에 밀어 넣으며, 찬 손을 겨드랑이 사이에 품으며, 그런 장면들은 그저 욕심이었다고 되뇌었다. 괜찮다고 되뇌는 것만으로도 마음은 천천히 본래의 온도로 되돌아왔다.

우리가 서로에게서 멀어져 갈 때

 빈틈은 언제든 벌어질 수 있었다. 예상치 못했던 일도 아니었다. 조금씩 틈이 보이기 시작했을 때, 너와 내가 언제든 멀어질 수 있겠다고 생각해왔다. 그런 생각 자체가 우리의 관계를 소원하게 만들었을지도 모른다. 준비된 이별은 표면적으로 드러나 보이곤 했다. 그게 어떤 날은 상처이기도 했고, 체념이기도 했고, 일상이기도 했다.

 언젠가 우리는 좋은 감정으로 눈물짓던 날들이 있었다. 노을 지는 강변에 앉아, 금빛 물결 출렁이는 지상의 은하수를 보았을 때가 생각난다. 그저 그 광경을 함께 바라보고 있는 것만으로도 마음이 먹먹해졌다. 두 손에 그러쥔 맥주 한 캔 때문이 아니라, 그 배경 속에 녹아있는 우리의 모습에 취해 있던 건지도 몰랐다. 풍경 속에는 우리가 만들어낸 사랑의 변주곡이 흘렀다. 자연의 새소리, 뛰노는 아이들의 자지러지는 웃음소리, 넉넉한 마음으로 물결치는 강물의 소리. 모든 소리들 사이에서, 우리는 고요한 침묵을 지키고 있었다. 눈에 담은 별빛과 금빛으로 물든 너의 옆얼굴이 이 사랑의 연주곡에 완성이었던 것을. 그 따뜻하고 찬란한 배경 안에 봄바람처럼 불어 네 어깨에 기대었던 것을. 손을 포개어 잡고는 반들반들한 엄지손톱을 매만지곤 했던 것을. 우리는 사랑으로 품던 우리를 아득히 먼 과거 속으로 밀어 넣고 있었는지도 모르겠다.

 우리가 서로에게서 멀어져 갈 때가 있다는 것을, 그때의 우리는 예견이나 했을까? 이런 은근한 사랑에도 끝이 있다는 걸, 너와 나 사이에도 벌어지는 간격이 존재하리라는 걸, 상황이 아니라 서로의 감정이 변해 상처를 주게 될 것이란 걸. 그때의 너와 나는 전혀 알지 못했다. 이 잔잔한 사랑의 변주곡이 휘몰아치는 클라이맥스를 향해 달려가고 있었다는 걸.

 서로 다른 이해관계로 지쳐 흘러내릴 때 즈음, 나는 처절하게 그 순간들을 머릿속으로 그렸다. 우리는 모두 가슴 아프게 사랑했던 순간이 있었다. 그 순간 속에서 우리는, 뼛속까지 찌르는 가시를 품고서도 활짝 웃고 있었다. 말에서 흘러나오는 눈물을 닦아주고, 찢어진 마음을 꿰매 주고, 얼어붙은 몸을 뜨겁게 안아주었다. 차츰 뜨거워지는 시간 속에서 우리는 서로의 차가운 두 손을 꼭 붙잡아 주었다. 우리만큼은 서로 배신하지 말자고, 끝까지 이 사랑 지켜 나가자고, 지금처럼 매일매일 아프지만 행복한 눈물을 닦아 나가자고.

우리의 사랑의 온도가, 그 따뜻했던 행동들이 미지근하게 식어갈 때 나는 오히려 눈물을 흘릴 수 없었다. 행복하다고 여겨야만 비로소 터지던 눈물은, 되려 처참한 이별 속으로 고꾸라지는 상황에서는 잠잠했다. 눈물이나 분노 같은 감정들은 오히려 우리가 더욱더 치열하게 사랑했을 때에만 터지는 것이었다는 걸. 우리가 서로에게서 멀어져 갈 때는 감정이라는 것도 다시 얼음장처럼 차가워지고 마는 것이었다는 걸. 그렇게 조금씩, 우리가 붙잡았던 뜨거운 손을 놓기 시작하면서부터 깨닫게 되었다.

언젠가 희망과 사랑이 가득한 강변에서 우리가 사랑을 연주할 때, 그 찬란하고 풍성한 온도 사이의 우리를 떠올려본다. 그때 우리 참 좋았는데, 얼굴을 바라보기만 해도 눈물이 흐르곤 했었는데, 내가 널 이토록 많이 사랑했었는데, 네 얼굴을 떠올리는 것만으로도 사무치게 널 안고 싶었는데…. 그 모든 감정들이 지나버린 차가운 추억 속에 갇히게 되고 말 것이라고 생각하니, 오히려 그 안타까움이, 우리의 관계를 엉성하게나마 꿰매고 싶어 했던 것 같다. 지금 내가 널 사랑하지 않더라도, 널 사랑해 죽어도 좋았던 날들만을 떠올리며, 그렇게도 절절하게 이 사랑을 보존하고 싶었던 것 같다. 내 온 마음과 영혼을 녹여, 네 어깨에 기대 사랑을 노래하던 그때를 지키고 싶어서. 어쩌면 내가 아직 널 잊지 못해서.

담배

 넌 가끔 우리의 관계를 무기 삼아 협박하곤 했다. 아주 사소한 오해나 실수에도 쉽게 이별을 이야기했다. 애걸하는 쪽은 늘 나였다. 내가 널 무척 많이 사랑했으니까. 너와의 이별은 죽기보다도 싫었으니. 너와 헤어지고 돌아오는 길, 나는 착잡한 마음으로 끊었던 담배를 물었다.

 어쩌면 널 바라보는 마음이 사랑이 아니라, 사랑을 위장한 연민이었던 걸까? 단순히 네가 안타까워 떨렸던 마음을 설렘으로 착각한 탓이었을까. 너는 하루에도 수없이 인생을 비관적으로 이야기했다. 그러고선 바지런히 다음 생을 이야기했다. 다음 생에 태어나면 바람이 되겠다고. 자유롭지 못하고 환경에 메여 사는 자신이 마치 나무 같다고 했다. 나무 같은 삶이 싫다고 했다.

누구의 인생도 자유롭지 않았다. 나 또한 마찬가지였다. 저녁까지 직장에 발묶여있다, 퇴근하고 나서야 비로소 나의 시간을 만끽할 수 있었다. 그러나 널 알게 된 이후로, 퇴근 후 나의 일상은 오롯이 너의 것이 되었다. 너는 언제나 나의 시간까지도 묶어두어야만 직성에 풀리던 사람이었다.

주말 저녁은 같이 먹을 것, 한 달에 한 번은 영화를 볼 것, 아침이면 눈을 마주치며 사랑한다고 할 것, 잠들기 전까지 머리를 쓰다듬어줄 것, 그리고 담배는 끊을 것…. 너의 요구에도 순순히 고개를 끄덕였던 건, 네가 얼마나 나의 사랑을 갈망하는 지를 느꼈기 때문이었다. 처음엔 그런 너의 집착도 귀엽게 넘어갈 수 있었다. 정말, 너를 사랑했기 때문이었다.

그러나 사랑이라고 느꼈던 너의 집착은 어느 순간 바래졌다. 내가 너의 요구에 지쳐 갈 때마다 너는 내 마음을 테스트하고 싶어 했다. 자신에게 지쳐버린 것은 아닌지, 지쳤다면 얼마나 지쳤는지, 우리 사랑을 끝까지 지켜낼 수 있을지 알고 싶어 했다. 너의 테스트가 눈앞에 선명히 보이기 시작할 때 즈음, 나는 점점 더 너를 멀리하게 되었다. 사랑하면서도 미워하게 되는, 일종의 애증 같은 것이 따라붙었다.

— *이제 날 사랑하지 않아?*

너의 물음에 선뜻, *아니,* 라고 대답할 수도 없었다.

너는 가끔 나에게 *"네 마음이 변해버린 것"* 이라고 말했다. 처음에는 나도 그런 줄로만 알았다. 우리의 법칙은 늘 변함이 없었으니까. 그러나 다시 생각해보니, 내가 마음이 변한

만큼 너도 변하고 있었다는 걸 깨닫게 되었다. 너의 귀여웠던 집착은 점점 광기로 변했다. 넌 나를 사랑했다가, 의심했다가, 때론 증오하기도 했다. 너의 증오가 담긴 사랑은 때로 모질고 날카로운 말로 내게 상처를 주기도 했다. *왜 나를 사랑하지 않는 거야? 내가 미운 거지, 그렇지?* 언제나 변함없이 널 사랑하고 있다고 믿고 있었는데, 어떤 날은 너의 질문에 나도 내 감정을 확신할 수 없게 되었다. 그래, 어쩌면 내 사랑은 사랑이 아니라, 단순히 연민이었던 것이라고.

마음은 다시 돌고 돌아와, 너를 처음 만났던 순간까지 왔다. 그때 나는 널 바라볼 때 무슨 심정이었을까? 인생이 재미없고 눈물을 쏟던, 겨울의 차가운 바람 앞에 머리칼을 쓸어 올리던 네 모습을 나는 어떻게 기억하고 있을까? 그때 널 지켜주고 싶다는 마음은, 그저 연민이 아니었을까? 왜 저토록 힘들어하는 걸까, 무슨 일이 있는 걸까, '불쌍하다'. 그러나 '불쌍'과 '연민'으로 표현하기에는 조금 모자라다. 그것보다 훨씬 더 벅차고, 더 가슴 아프며, 더 애절하고, 그래서 안아주고 싶던 마음까지 포괄하기에는 정말 작은 단어였다.

— *대체 왜 그러는 거야? 널 사랑해. 널 사랑한다니까…*

네가 협박처럼 내뱉던 이별을 받아들이게 된 것은, 이제 더 이상 네 눈빛에서 나에 대한 믿음이 느껴지지 않았기 때문이었다.

— *거짓말. 날 사랑하지 않으면서.*

그 끝없는 불신과 증오의 고리를 끊어낼 수 있는 것은 오직,

내가 널 사랑하지 않는 일이었다.
 ─ *그래. 널 사랑하지 않았나 보다.*
 그렇게 인정해버리는 걸로, 이로써 너의 협박 같은 이별 통보를 받는 일도 마지막이 되었다.

 붉게 타들어가는 담배 끝을 바라보며, 긴 연기를 내뱉었다. 오랜만에 피운 담배에 머리가 잠시 아찔해지고, 아득해졌다. 네가 모든 걸 잊게 했는데, 널 보면 행복했는데, 네 미소가 예뻤는데…. 다시 담배를 입으로 가져오다 천천히 내려놓았다. 머리가 어지러운 것은 단순히 오랜만에 피운 담배 때문이라고. 너를 여전히 좋아한다거나, 네가 밉다거나 아니, 단순히 네가 보고 싶은 이유 때문은 아닐 거라고. 조각조각 속으로 되뇌었다.

그리움의 층간

 살면서 가끔은, 어떤 게 더 정의로운 일일까 생각했다. 도덕적인 것, 세상이 정해 놓은 규범이나 양심 같은 것들. 법으로 명명해 놓은 것들은 그대로 지키면 괜찮을 것 같은데, 때로 그것들은 아주 세심한 법칙까지 뻗쳐있지 않았다. 우리 인간의 감정이나 사랑 같은 관계들. 누군가 없이는 죽고 못 살 것 같은 사랑에 존재하는 이해할 수 없는 금기들. 머리로는 이해하지만, 가슴으로는 이해할 수 없는 일련의 상황들. 그저 누군가를 좋아하는 이유만으로도 죄가 될 수 있는 시간들. 그 겹겹이 쌓인 그리움의 층간에서 올라갈지 말지 갈피를 잡을 수 조차 없는, 사랑이라는 건 그토록 애매한 위치에 있는 것이 아닐까.

 우리가 헤어질 수밖에 없다는 걸 인정하고 싶지 않았던 건, 온전히 가슴이 시키는 일이었다. 밤이면 늘 네 생각에 사무쳐 울음을 터뜨리면서도, 어쩔 수 없이 감정을 덮어야만 하는 게 야속했다. 사람이 누군갈 이토록 그리워하면, 모든 걸 포기하고 싶어지기도 하는구나. 그렇게 생각하면서도 나는 쉽게 내 모든 것들을 떨쳐낼 수 없었다. 그 안에는 여러 형태의 사랑들이 얽히고설켜 있었다. 이기적인 마음으로 열렬한 사랑을 택해버리면, 상처받는 사랑들이 있었다. 너의 사랑들에도, 나의 사랑들에도, 거대한 혜성이 행성을 직파하는 어느 밤처럼, 모든 걸 멸망시키고 말 거란 걸 그저 가슴에 새길 수밖에 없었다.

애써 너를 밀어내면서, 두 번 다시 널 만나는 일이 없다고 다짐하면서도, 내 영혼이 몇십 번이나 부서지는 걸 느꼈다. 얼굴 한 번만 보고 싶다고, 목소리 듣고 싶다고 보채는 널 그저 바라만 봐야 한다는 건, 가슴이 미어지는 고통과 또 한 편의 현기증 같은 그리움과 뜨거운 애달픔이 보풀처럼 일어났다. 겨우 잠재워놓은 감정들이었는데, 나의 고백을 기대하는 너의 채근으로 마음이 수차례 흔들리곤 했다. 나도, 나도 네가 무척 보고 싶다는 말을, 널 한 번만이라도 더 뜨겁게 안아보고 싶다는 말을, 네 품에서 사랑한다 말하고픈 고백들이 켜켜이 쌓이는 것을, 달이 기우는 밤마다 널 사무치게 그리워하며 삼켰다.

널 마주하고 있으면, 혀 밑에 얼려놓기로 한 수많은 고백이 천천히 녹기 시작했다. 그 달콤한 맛을 느끼면 안 되는데, 그 맛을 알기 때문에 자꾸만 너에게 고백하고만 싶었다. *사랑*

해, 사랑해, 나도 널 무척이나 사랑해, 라고. 그럼 너도 잔잔한 눈빛으로 사랑한다고 말할, 그 대답을 알고 있어서. 그러면 안 되는 줄 알면서도 자꾸만 널 기다렸다.

— *나 이제 앞으로 널 못 볼 것 같아.*

 우리는 절대 서로를 사람대 사람으로 만날 수 없었다. 아주 진한 우정이라도 남을 수 없는 것. 널 미워하는 게 아니라 사랑하기 때문에, 내가 널 사람이 아니라 사랑으로 보기 때문에, 나 홀로 그리움의 층간에 남아 한 계단 한 계단 아래로 내려가는 너의 뒷모습을 보며 그저 가슴으로만 울어야만 했다. 그게 세상이 정해놓은 사랑의 방식이었고, 너와 나의 마음을 지키는 일이었고, 우리가 상처받지 않을 일이었다. 네가 눈물을 흘리며 내 손목을 붙잡았다.

 그리고 다시 천천히 손을 놓았다.

 때로 사랑은 머리로는 이해할 수 있으나, 가슴이 인정하지 못하는 감정이 있었다. 우리는 그 층계에 서서 마지막 남은 서로의 얼굴을 바라보았다. 이제 천천히 잊히게 될, 낡아지게 될, 무뎌지게 될, 그저 좋았던 날들로 남게 될, 아련한 기억으로 묻힐 그 얼굴을.

농도

 저물어가는 겨울의 끝에 서 있는 시간은, 눈물 날 만큼 눈부셨다. 눈앞에 드리운 햇살 아래 봄이 오고 있음을 실감했다. 봄. 봄이 온다는 건, 우리의 계절도 끝나가고 있다는 뜻이었다.
 봄비 같은 비가 찬란하게 내리던 날 아침, 지난 새벽의 아픔을 그러쥐면서도 마음을 굳게 먹어야만 했다. 만나고 헤어지는, 이 반복되는 지옥을 끊어낼 수 있는 사람은 나뿐이었다. 네가 우리의 행복을 끊어낼 수 없다면, 우리가 계속 우리를 욕심내고 있다면, 그럼 누군가는 모질게 이 사랑을 밀쳐내야만 하는 것이라고.
 그날 밤은 나에게는 마지막 작별인사였다. 끝이라고 생각하니 울음이 터져나왔다. 나는 아직도 네가 그립고 보고 싶었다. 너의 부드러운 머리칼을 쓸어주고 싶었고, 네 품에서 나던 향기를 맡고 싶었고, 네 얼굴을 만지며 사랑한다고 말하고 싶었다. 단지 그건 나의 욕심이었을까? 이제 더는 우는 것으로는 해결되지 않는다는 걸 알면서도, 하염없이 눈물을 쏟아냈다. 기한을 정하고, 그 기한까지만 참아보자고 했다. 너는 체념하듯 그러자고 했고, 나는 쓰린 속을 삼키며 전화를 끊었다. 우리에게 기한은 어떤 의미일까? 우리에게 기한이라는 게 존재하기는 할까? 그 기한만 참으면 정말 널 온전히 잊을 수 있을까? 아니, 나는 사실 널 덮을 자신이 없었다.

 널 보지 않는다고 생각하면 마음이 더 깊어졌다. 천년 같은 하루가 흐르면 농도 짙은 그리움은 눈물이 되고, 희망은 산산이 부서졌다. 천년 같은 하루가 한 달을 넘어 일 년이 되고, 십 년이 되면 그때 즈음 무뎌지게 되지 않을까. 너도 날 완전히 잊게 되지 않을까. 그럼 차라리 이 모든 게 다행일지도 모르겠다고.

 널 잊어가는 과정이 괴롭겠지만, 널 잊기 위해 안간힘을 쓸 테다. 네가 놓고 간 서랍 속 향수를 열어보며, 아주 가끔 가슴 아파할 테다. 너의 미소 짓는 얼굴과 상냥한 목소리와 날 따뜻하게 품어주던 가슴을 잊어갈 것이다. 그런데도 네가 보고 싶으면 어떻게 해야 할까? 그럴 땐 난 어떻게 해야 할까. 그런 막막한 아픔이 밀려올 때는 그저 하염없이 울고만 있을 것 같다. 네가 미치도록 그리운데, 널 보고 싶지 않다고 되뇌며. 아니, 보고 싶지 않아야만 했다.

 나는 가끔도 네가 꿈에 나오기를 간절히 바랐다. 그럼 꿈속

어떤 기억은 겨울의 마른 나뭇가지 같아

에서나마 널 사랑으로 안아줄 수 있으니까.

 사실 그렇게 모질게 했던 것, 내 진심이 아니었다고 말해줄 텐데. 뜨거운 포옹을 하며 동그랗고 순수한 두 눈을 바라봐 줄텐데. 머리카락을 쓸어주며 내 품에서 실컷 울라고 할 텐데. 그리고는 함께, 영원히 지지 않을 우리의 계절을 바라보며 입을 맞춰 줄텐데. 그럴 텐데. 하지만 너는 한 번도 내 꿈에 나타나지 않았다. 마치 그렇게 영영 사라져 버릴 사람처럼.

 어둠 속에서 널 찾는 일을 그만둬야 하는데, 목놓아 네 이름을 부르면서 널 찾고 있다. 어디 있느냐고, 그냥 얼굴 한 번만, 아니, 목소리 한 번만 들려줄 순 없겠느냐고. 하지만 차라리 네가 대답하지 않아서 다행이었다. 네 모습을 보는 순간, 나는 또다시 무너져버릴 것만 같았으니까.

 널 뜨겁게 사랑할 수 있었던 계절에서, 다시 돌아오지 않을 순간들을 추억한다는 건 아름다운 일이다. 나는 우리의 이별마저 아름다운 것으로 기억하고 싶었다. 처음 시작부터 마지막 끝까지 널 온전히 사랑하는 일, 사랑으로 널 지워내는 일, 이 모든 계절을 묻어두는 일 그리고 널 회상하는 일. 아프지만 어여뻤다고. 언젠가 먼 훗날 우리 다시 만날 수 있다면, 꼭 그렇게 이야기해주고 싶다. 나는 널 정말 많이 사랑했었다고.

미련의 무게

 밤중에 흩어지는 마음의 조각들이 있었다. 그 낙낙한 슬픔의 빈틈을 노리고 있던 것은, 사무치는 절망과 그리움이었다. 참회의 깊은 밤을 날아다닐 때 너의 슬픈 얼굴이 내 머릿속에 떠다녔다. 네 뜨거운 눈물이 내 가슴을 잔인하게 파고들었다. 떠나지 마라고 붙잡는 손과 아무래도 좋으니 곁에 있으라고 말하는 그 간절함이 한동한 내 마음을 먹먹하게 만들었다. 그러나 내가 할 수 있는 일은 오직, 네 곁을 떠나는 것뿐이었다.

 우리의 사랑을 감히 평가할 수도 없었다. 어떤 날은 이별을 쉽게 말하기도 했지만, 또 어떤 날은 입에 담기도 버거울 정도로 벅차기도 했다. 내게 너와의 헤어짐은 그런 것이었다. 손쉽게 들어낼 수도, 그렇다고 아무것도 아닌 일로 치부해버릴 수도 없는. 그래서 때론 기억상실증에 걸린 사람처럼, 너와의 추억들을 송두리째 들어내고도 싶었다.
 하지만 너에 대한 절망과 후회의 무게를 덜어내는 일은, 기억을 지워버리고 싶다는 안일한 생각만으로 치워지지 않았다. 이 세상에 기억을 지우는 병원이 있다면, 나는 당당하게 그 병원을 찾아갈 수 있을까? 아니, 그저 말만 번지르르할 뿐이다. 그런 병원을 찾아가지도 못할뿐더러, 설령 찾았다 하더라도 기억을 지워낼 용기를 먹지도 못할 것이리라. 내가 널 추억하는 일만이 내 곁에 없는 널 살려두는 일일 테니까.
 널 잊는 건, 내 가슴에 담아둔 너를 죽이는 일이었다. 변치 않고, 오래오래 썩지 않고, 가슴속에 울상인 채로 멈춰있는 너를. 그런 너를 잔인하게 살해하는 일.
 널 잊지도 못하고, 그렇다고 괴롭게 추억하지도 못한 채 짊어지고 살아가야 하는 이 무게가 때론 벅차기도 하고, 야속하기도 했다. 절망과 후회는 눈물과 슬픔의 감정을 점점 더 얇게 짓눌렀다.
 그렇게 어느덧 시간은 흘렀다. 평생 너와 헤어졌다는 무거운 죄책감에 눌려 살 줄 알았는데, 오히려 나는 슬프지 않게 되었다. 이제 더는 널 추억하며 울지 않았다.
 그러나 가끔 미련 같은 것이 내 일상을 지배했다. 마치 떨어지지 않는, 노을 진 시간의 검은 땅거미처럼. 네 생각은 끊임없이 내 발 뒤꿈치에 붙어 있었다. 자꾸만 뒤를 돌아보게 되고, 검은 실루엣을 보며 어렴풋이 얼굴을 떠올렸다. 그러다 점차 너의 얼굴이 기억나지 않게 되었고, 아련해졌고, 이내 조금씩 변형되었다. 훨씬 더 완벽한 사람으로, 더없이 아름다운 사람으로. 너 아닌 다른 사람을 만날 수 없게, 너는 그렇게 조금씩 내 가슴속에서 환상의 인물로 진화했다.

결국 넌 내 기억 속에서 완벽한 사람이 되었다. 다시는 만날 수 없는 환상 속의 사람. 절망과 후회가 제3의 괴물을 만들어냈다. 그 괴물은 어김없이 나의 꿈에 나타나, 내가 일상에서 타인을 사랑할 수 없게 만들었다. 어느 때보다 찬란했던 미소와 어여쁜 말씨와 날 따뜻하게 안아주던 품으로 내 온 영혼을 꽁꽁 묶었다. 온몸을 비틀어도 헤어 나올 수 없었다. 그렇게 널 그리워했고, 그러다 결국 또 절망에 빠지면서, 상상 속의 너는 계속해서 네 몸집을 키웠다. 점점, 더, 크고, 거대하게.

널 떠나면 누구든 사랑할 수 있을 줄 알았는데,
오히려 난 누구도 사랑할 수 없게 되었다.

우울의 방

 인생에 늘 빛이 함께할 수 없었다. 어둠 속에서도 환히 웃어야만 했던 건, 순전히 타인을 위한 것이었다. 내 속이 시꺼멓게 타들어가는 걸 애써 열어 보일 필요는 없었으니까. 그 차갑고 시린 마음을 아무리 설명하려 애써도 타인에게는 와닿지 않을 감정이었다. 내가 얼마나 힘들고 외로운지, 얼마나 빠르게 매서운 고독을 향해 치닫고 있는지를 그 누구도 알 수 없었다.

 외로워 죽을 때마다, 밤마다 무릎을 껴안고 울음을 삼켰다. 해결책을 찾기 위해 백방으로 조언을 구해도, 명쾌한 해답을 찾을 수 없었다. 그럴싸한 답은 *'어두운 고독마저 사랑하라는 것'*, *'때론 외로움을 즐길 줄도 알아야 한다는 것'*. 그게 약인지 독인지도 모른 체, 나는 다만 죽을 것 같은 두려움에서 벗어나기 위해 있는 힘껏 고독 속으로 영혼을 밀어 넣었다. 그렇게 하면 아픔에 무뎌질 수 있을 것 같았다.

 울어야만 한다면 차라리 남모르게 울고 싶었다. 내가 무너지는 모습을 보여주고 싶지 않았으니까. 벽에 기대 무릎에 얼굴을 파묻고는, 나름의 해결책이라고 하는, 깊은 우울의 수렁에 몸을 던졌다. 우울도 무뎌지면 괜찮아질 줄 알았다. 타인이 할퀸 상처의 아픔 따위가 아니었다. 나는 나 스스로를 있는 힘껏 할퀴고, 찌그러뜨리고, 찢었다. 그 수천번의 구겨짐 속에 내 가슴은 셀 수 없을 만큼 기어지고 짓이겨졌다.

 오히려 우울은 더 깊은 우울 속으로 나를 이끌었다. 시커먼 자책은 우주의 블랙홀처럼, 별처럼 반짝이는 희망들을 있는 힘껏 빨아들였다. 그 시커먼 구멍 속어 빨려 들어가면, 나는 결국 헤어 나올 방법을 찾지 못해 계속 또, 계속 울기만 했다.

 하염없는 슬픔에 매몰되면, 곁에 남아있던 희망은 부서져버렸다. 어떻게 하면 이 깊은 슬픔의 우물에서 빠져나갈 수 있는지 몰랐다. 이제는 타인의 위로도, 조언도, 응원도 가슴에 와닿지 않았다. 해결책은 약이 아니라 독이었다. 매일 밤 침대 위에 몸을 웅크리고, 차갑게 얼어 죽어버린 마음에 있는 힘껏 심폐소생술을 했다. 뜨겁게 다시 뛰게 하기 위해 두 손을 비비고, 따뜻한 입김을 불어넣으며 실없는 희망 따위를 속삭였다. 책이나 영화 같은 것들을 보면서, 이 세상엔 존재하지도 않을 터무니없는 로망을 불어넣었다. *너도 이렇게 행복해질 수 있다고, 그러니 부디 죽지 말라고.*

하지만 그런 마음은 좀체 살아날 기미를 보이지 않았다.

나는 하루에도 수십 번씩 우울이라는 어둠 속에 몸을 내던졌다. 그 깊은 우울 속에서는 또 다른 나 자신도 내 눈물을 닦아주지 않았다. 나는 깊이, 더 깊이 검은 그림자 속에 감춰지고 사라졌다. 날 사랑한다는 사람이 나타나 나에게 손을 뻗기도 했다. 그러나 나는 그 손마저 희미하게 보일 뿐, 잡을 수 조차 없었다. 사랑이 이 모든 걸 해결해줄 수 있을 줄 알았는데, 이제는 그런 감정마저 날 구원해주지 못했다. 나는 더 한없이 작아져갔고, 찌그러져갔다. 이제는 그 누구도 만나고 싶지 않았다. 타인이 주는 상처도, 나 자신을 미워하는 마음도 안고 싶지 않았다.

― *날 그만 내버려 둬. 날 살리려고도 하지 말고, 죽이려고도 하지 말고. 이 공간에 그저 있는 듯, 없는 듯 이렇게 내버려 둬….*

누구에게 하는 말인 줄도 모를 혼잣말들만,

이불속에 웅크린 채로 계속 토해냈다.

어떤 기억은 겨울의 마른 나뭇가지 같아

네가 보고 싶은 밤

 우리 모두 숨 쉬고 있던 거잖아. 우리의 세상에선 죽어 없어지는 영혼 따위 없었잖아. 모든 게 생시 같던, 우리 모두 염원하던 꿈을 향해 맹렬히도 돌진하던, 하나의 거대한 돌풍처럼 우리는 살았잖아. 그 틈 속에서 지쳐 죽지 않기로 약속했잖아. 마구잡이로 잡아 부수는 바람 사이에도 서로 내린 뿌리를 맞잡기로 했잖아. 긴긴 세월이 소중히 일궈온 열매와 잎사귀를 흩트려 버린대도, 우리 끝까지 살아 있기로 했잖아. 우리, 그랬잖아.

 희망의 끈을 놓지 말자고 했던 건, 비바람이 몰아치는 어느 밤에 시작됐지. 땀인지 눈물인지 모를 얼굴을 서로 닦아 대면서, 포기하지 말자고 되뇌던. 그 속삭이는 새벽은 춥고도 찬란해서 오묘하기만 했던. 이런 계절에도 우리 뜨거운 마음을 지켜낼 수 있을까 의아해하면서, 그래도 살아내자고 다짐했던 밤이었지. 삶에 대해서는 우리 모두 무지했고, 우리가 나아가는 방향에 대해서도 알지 못했어. 그저 임무를 부여받은 어느 수행자처럼, 차갑게 얼어붙은 땅 위에서 하얗게 부서지는 입김을 간직할 뿐이었지. 우리 모두는, 그렇게, 눈에 보이지 않는 것들에 집착하며 살기로 맹세했었어.

하나 둘 다짐했던 마음의 살점들이 떨어져 나갈 때 즈음, 우리는 점점 죽어가기 시작했던 것 같아. 혹한기 겨울의 칼바람 속에서도 찬란한 태양이 떠오르길 간절히 소망했지. 하지만 이제 더는 견딜 수 없다는 걸 알아. 우리가 염원하는 것만큼, 세상은 그렇게 간절하지 않았으니까. 누구 하나 추위에 견디다 못해 죽길 기다리는 것처럼, 세상은 그저 냉혹하기만 했으니까. 이제 눈물 흘리는 것도 부질없다는 걸 알았어. 그런 감정 소모가 이 불편하고도 아픈 마음들을 치유해 주지 않는다고 생각했거든. 각자가 가진 우주에 온 마음을 실어놓고, 우리는 고통의 침묵 속에 갇히기 시작했어. 이제는 버티는 것만이 답이었지. 꿈을 지켜나가는 일이 그랬어. 그렇게 고독하고도 아픈대도, 눈앞에 아른거리는 아름다움으로 쉽게 포기할 수 없는 일. 그 잔혹한 동화 사이에서 꿈을 지켜나가는 일이란, 살점이 떨어져 나가는 고통만큼이나 참담하기 그지없었지.

그 고통을 알기 때문에 숨이 멎어가는 너의 영혼을 그저 바라볼 수밖에 없었어. 다만, 나는 계속 비바람이 몰아치던 그날의 밤을 상기할 뿐이었어. 우리, 그렇게 처절하게 맹세했었는데. 괴로운 날들이 폭풍처럼 휘몰아쳐도, 꽉 잡은 두 손은 놓지 않기로 약속했었는데. 조금씩 지쳐가는 네 모습을 볼 때마다 가슴이 미어지고 찢어졌지만, 어느 순간 나도 너의 모습을 알아차리지 못하게 되었어. 나도 너무 힘들고, 지치고, 하루에도 몇십 번씩 이 마음을 놓고 싶었는지 몰라. 꿈이란 것도, 마음이라는 것도, 다짐이라는 것도 현실 앞에서는 그저 나약하기 짝이 없는 생명 같은 것이었다는 걸. 언제든 커질 수도 있고, 소멸할 수도 있다는 걸. 그 마음을 잘 타일러 이끌어나가는 게 힘들다는 걸 우리는 그땐 몰랐던 거야. 그저 열심히, 꾸준히 버티기만 하면 금세 맑은 하늘을 볼 수 있을 거라고 생각했는데. 우리의 겨울이라는 계절이 이토록 길어지게 될 줄, 우리는 몰랐던 거야.

이겨낼 수 있다는 거짓말은 하고 싶지 않아. 나도 우리의 앞날을 모르겠어. 하지만 이토록 불투명한 미래라도 버티며 살아가야 한다면, 너와 함께 버텨나가고 싶어. 너 없는 하루들이 쌓여갈수록 나도 점점 지쳐가게 될 거야. 우리, 몸도 마음도 닳아져 가는 인생이라도, 꼭 함께 버텨 나갔으면 좋겠어. 우리가 그토록 염원하던 것들, 아주 먼 미래에 닿게 된다고 할지라도, 나는 우리가 함께 버텨갔으면 좋겠어.

내가 무척 힘들 때면 네가 정말 보고 싶을 거야. 빠듯하기만 한, 넉넉지 않은 하루 중에도 틈틈이 네 마음을 떠올릴 거야. 그렇게 너를 떠올리는 일 만으로도 네가 곁에 있는 것만 같아. 네가 정말 보고 싶다.

어떤 기억은 겨울의 마른 나뭇가지 같아

이별에 대하여

 계산 속에 살아가는 삶이란, 텅 빈 책꽂이에 덩그러니 꽂힌 책 한 권 같았다. 바쁜 인생에 심취해 어깨를 으쓱거리지만, 꽉 들어찬 자존감 곁에는 늘 외로움이 따랐다. 어떤 방향으로 쓰러져도 이상할 곳 없는 세상에서 때론 쓰러져도 버틸 수 있는 존재가 곁에 있길 바라기도 했다. 옆에 누군가가 없어도 홀로 잘 살아갈 수 있다고, 쓰러져가는 삶에 대고 악다구니처럼 버텼다. 그래도 계산적인 성격을 버리지 못했던 건, 마음을 다 준 이에게 언젠가는 버림받게 될지도 모른다는 두려움 때문이었다.

 삶을 알아가게 된다는 것은 좋은 의미로 연륜이 깊어진다는 뜻이기도 하지만, 한편으론 아무도 믿지 못하는 세상이라는 걸 깨달아가는 순간이기도 했다. 믿었던 사람에게 어떤 식으로든 배반을 주는 것이 세상의 이치였다. 좋은 사람도 있다는 말이 우스갯소리처럼 들리기도 했다. 그 순간은 여러 형태로 다가왔다. 업무적이든, 교우관계든, 가족의 일이든, 사랑이든. 사람을 믿지 말라는 어른들의 말을 무시한 채, 왜 우리는 그토록 누군가에게 의지하려고 애를 썼던 걸까.

 처음엔 몰라서 상처를 받았다고 치자. 다시는 누군가에게 쉽게 마음을 주지 않겠다고 생각하면서도, 삶을 바라보는 눈은 머리처럼 냉철하지 못했다. 새로운 누군가를 만나지 않게 되었대도, 알고 지내던 사람의 새로운 면들을 발견하게 되면서 우리는 또다시 사람 간의 벽을 쳤다. 그렇게 사랑했던 사람도, 사랑을 주던 사람도 점점 지쳐 떠나게 되었다. 영원한 사랑이라는 건 역시 세상에 존재하지 않았던가. 매번 깨닫는 세상의 이치를 마음은 또 금세 까먹고, 좋았던 순간만을 끊임없이 상기시켰다.

 언젠가 누군가를 만나 사랑하는 것 따위 두 번 다시 하지 않겠다며 다짐했던 적이 있었다. 억지로 일을 늘려서, 외로운 마음이 들지 않도록 무던히도 노력했다. 세수하다가도, 밥을 먹다가도, 책을 읽다가도 울었다. 이별이 이렇게 아픈 것을 알았다면 애초에 시작도 하지 않았을 테다. 이 세상에 영원한 사랑이 없다면, 이별이 있는 사랑 따위 시작하지 않겠다고 되뇌었다.

 그러나 사랑은 늘 예기치 못한 순간에 찾아왔다. 내가 열심히 일하는 모습을 본 다른 누군가는 그 모습이 매력적이라고 생각했던 모양이다. 그 사람은 열 번 찍어 안 넘어가는 나무 없다는 생각으로 여러 차례 나에게 말을 걸었다. 사랑에 흔들리지 않고 일만 열심히 하자던 내 다짐에도 바람이 불었다. 처음엔 살랑 불었던 바람이 점점 더 거세지기 시작했다. 두 눈을 마주 보며 한 번만 믿어달라던 그 사람의 고백을 거절하지 못해, 꽤 오래 그 사람을 만났다. 그리고 그 사랑에도 이별이 찾아왔다.

 상처에 무뎌해진 것은 아니었다. 지난 사랑에 대한 후회를 반면교사 삼아, 나는 정말 열심히 두 번째 사랑에 온 신경을 다했다. 그러니 이별도 지난 사랑만큼 아프지 않았다. 최선을 다했고, 후회는 없었고, 그랬으니 미련도 없었다. 어쩌면 상처에 익숙해지는 것이 삶을 대하는 방식에 연륜이 찼다고 말할 수 있을까.

 이별 후에 찾아오는 기억에는 늘 좋은 향기만 남았다. 그 풋풋한 향내가 자꾸만, 이별은 아름다운 것이라고 말하려 했다. 그러나 세상에 아름다운 이별은 없는 것 같다. 모든 이별에는 살을 도려내는 듯한 아픔이 따랐다. 이별로 인해 이별 속에 영혼을 갇히게 할 것인지 아니면 이별에서 홀가분하게 벗어날 것인지 정하는 것은 자신의 몫이었다.

 외로움 속에서 홀로 사랑과 맞서며 살아갈 것인지,

 이별 속에서 괴로워할 것인지,

 이별을 이해할 것인지,

 분명한 것은, 그 아픔 속에 빨려 들어 가지 않을 것. 아무도 우리의 이별을 대신 책임져 주지 않으니 말이다.

그때의 마음들을 따사로운 햇살에 말리자.
눈부신 오후, 햇살 냄새가 옛 기억에 배이면
보송보송했던 그날의 우리를
가끔 추억하면 돼.

그리움의 경계선

1판 1쇄 발행(초판) 2025년 6월 30일

지은이 | 김희영
펴낸곳 | 문학공방
출판등록 | 2018년 11월 28일 제25100-2018-000026호

ISBN 979-11-965578-7-4 (03810)

* 잘못 인쇄된 책은 서점에서 교환해 드립니다.
* 책 내용의 전부 또는 일부를 이용하려면 저작권자와 출판사의 동의를 받아야 합니다.
* 이 도서의 국립중앙도서관 출판예정도서목록(CIP)은 서지정보유통지원시스템 홈페이지(http://seoji.nl.go.kr)와 국가자료종합목록시스템(http://www.nl.go.kr/kolisnet)에서 이용하실 수 있습니다. (CIP제어번호 : CIP2018039722)